NON È MAI TROPPO TARDI.....PER USCIRE DALL'EURO

NON È MAI TROPPO TARDI.....PER USCIRE DALL'EURO

Stefano Monni

Stefano Monni
2015

Copyright © 2015 di Stefano Monni

Tutti i diritti riservati. Questo libro o parte di esso non può essere riprodotto o utilizzato in qualsiasi modo senza il permesso scritto dell'editore tranne che per l'utilizzo di brevi citazioni in una recensione del libro o una rivista accademica.

Prima stampa: 2015

ISBN < 978-1-326-37745-8>
Stefano Monni

Roma, Italia 00199

Sommario

Introduzione — pag. 7

1. Il Prodotto interno lordo — pag. 15

2. Il tasso di disoccupazione e i salari — pag. 47

3. I Consumi — pag. 56

4. La bilancia dei pagamenti — pag. 85

5. Povertà — pag. 91

6. Sistema produttivo italiano — pag. 109

7. Conclusioni — pag. 124

Bibliografia — pag. 159

Introduzione

Mentre sto scrivendo questo breve testo sulla moneta unica europea che, peraltro, fa seguito ad un mio precedente lavoro dal titolo "dentro o fuori dall'euro", si susseguono articoli di giornale che riportano notizie sulle possibili decisioni, anche di particolare rilievo, che alcuni Paesi dell'Unione monetaria europea (UEM) avrebbero intenzione di prendere nei confronti proprio della moneta europea.

Mentre nel nostro Paese il dibattito, tra chi vuole che l'Italia esca al più presto dall'area euro e chi invece ritiene che debba rimanervi ad ogni costo, continua a guadagnare spesso le prime pagine dei giornali, altri Paesi europei sembrano intenzionati a passare dalle parole ai fatti. Faccio riferimento, ad esempio, al caso della Grecia che segue, di alcuni mesi, la recente operazione della Banca Nazionale Svizzera che ha abbandonato la soglia minima di cambio con l'euro. Ciò sarebbe avvenuto, secondo quanto dichiarato da un articolo apparso su IlSole24Ore[1], dopo diversi segnali che avevano evidenziato, già da un po' di tempo, un atteggiamento critico nei confronti del cambio fisso che era stato adottato dal Paese elvetico nei confronti dell'euro.

Tutto questo sembra confermare i miei timori, rappresentati nel mio precedente lavoro, sull'intenzione del nostro Paese di continuare a rimanere all'interno dell'Area euro nonostante i notevoli sacrifici che la nostra popolazione è chiamata a sopportare proprio in ragione di

---

[1] IlSole24Ore, La Svizzera toglie lo "scudo" al franco, 16 gennaio 2015

questo obiettivo. Timidamente viene sostenuta, da più parti in Italia, la necessità di una rivisitazione e di una riforma dell'attuale sistema istituzionale dell'Area euro, ma la proprio la timidezza con la quale questa necessità viene proposta non favorisce in alcun modo, come già ho avuto modo di spiegare, lo sviluppo economico del nostro Paese, al di là dei problemi sistemici e, direi, endemici che lo caratterizzano.

In Grecia, proprio mentre si sta scrivendo, è all'ordine del giorno l'intenzione di uscire dall'Euro. Infatti, proprio in questi giorni è la notizia dell'esito di un referendum che si è tenuto in Grecia nel quale il popolo è stato chiamato ad esprimere il proprio diniego o il consenso in ordine alle misure imposte dalle Istituzioni europee al Paese ellenico. Nel nostro Paese si sostiene, criticando chi equipara la condizione del Bel Paese a quella della Grecia, la necessità di rimanere nell'Euro prospettando scenari apocalittici nel caso in cui si dovesse seguire invece la strada opposta. Nel mio precedente *pamphlet,* dal titolo "dentro o fuori dall'euro", ho voluto dimostrare, supportando il tutto con dei dati su diversi indicatori macroeconomici, come l'adesione del nostro Paese all'Euro non abbia portato necessariamente vantaggi all'Italia, soprattutto se questi dati vengono confrontati con quelli ottenuti da altri Paesi che aderiscono all'Area euro e che, invece, hanno ricevuto benefici tangibili da tale adesione.

In questo lavoro, cercherò di mettere in evidenza la performance del nostro Paese anche con riferimento a quelle, ad esempio, della Grecia e cercherò inoltre di capire se tra i due Paesi vi possono essere delle analogie che, in caso positivo, sarebbero sicuramente preoccupanti per il nostro Paese.

Ciò a cui assistiamo negli ultimi tempi, è un attacco quasi generalizzato alle politiche di *austerity*, a quelle politiche cioè che proprio le istituzioni europee hanno imposto e continuano ad imporre ai Paesi che aderiscono all'unione monetaria, giustificandone la necessità con l'obiettivo di uscire dalla grave crisi economico-finanziaria che ha colpito l'Area in questi ultimi anni e, quindi, presentandole come le ricette più utili, ed in alcuni casi uniche, a questo fine. Ancora oggi, nel nostro Paese le ricette di politica economica che vengono decise dai diversi policy maker che si alternano ai vertici della politica nazionale vengono giustificate, davanti all'opinione pubblica, come iniziative necessarie ed indispensabili per consentire al nostro Paese di uscire dalla crisi economico-finanziaria che sta attraversando. In merito, ci viene detto che questi sacrifici rappresenterebbero la soluzione dei nostri mali economico-finanziari e che un po' di sacrifici oggi sono necessari per tornare a crescere e prosperare domani.

Riporterò, quindi, nelle pagine che seguono i dati relativi ad alcuni fattori macro-economici, prendendo come periodo di riferimento quello durante il quale, in Italia, si sono succeduti governi non eletti direttamente dal popolo se si esclude una brevissima parentesi istituzionale nella quale l'Italia è tornata alle urne. Anche in quest'ultimo caso, però, il governo che si è formato non è stato espressione della reale volontà così come risultante dai risultati delle urne considerato che, sempre su decisione dell'allora Presidente della Repubblica e per l'impossibilità di formare un governo da parte di chi è uscito vincitore dalle votazioni, le forze politiche hanno formato un governo di larghe intese con la giustificazione che il particolare contesto nel quale si trovava il Paese richiedeva un governo capace di prendere decisioni serie, tempestive e il più possibile condivise. Vi era, in sostanza, la certezza che tale scelta istituzionale avrebbe consentito l'adozione di quelle riforme che erano ritenute necessarie per uscire dalla crisi, ritenendo implicitamente che qualsiasi alternativa che fosse rispettosa delle prerogative democratiche e che rispondesse al dettato costituzionale fosse incompatibile con la soluzione tempestiva di questi problemi.

I risultati delle urne dimostravano inoltre la fallibilità del particolare sistema elettorale in vigore nel nostro Paese che non consentiva, in quel preciso momento, la governabilità del Paese e che oggi si cerca di modificare.

Il periodo che verrà quindi preso in esame sarà quello successivo al 2011 ed ogni capitolo prenderà in esame uno specifico fattore macro-economico, cercando di metterne in evidenza il suo andamento e la sua performance nel tempo.

Capitolo 1. Il prodotto interno lordo.

Nel mio precedente lavoro, di cui ho fatto cenno nell'introduzione, ho richiamato e sostenuto la tesi presentata dall'economista italiano Bugnai, secondo la quale per l'Italia sarebbe meglio uscire dall'Unione monetaria qualora non si riuscisse a riformare l'attuale sistema istituzionale europeo in modo da renderlo il più possibile vicino al concetto teorico di area valutaria ottimale cosa che oggi l'Area euro non è in alcun modo, nonostante le intenzioni dei suoi più strenui sostenitori.

Ho affermato, inoltre, la tesi secondo cui questa riforma non è oggi possibile, sia perché non vi è l'intenzione di farla sia perché, comunque, i tempi per realizzarla non sono certo compatibili con quelli necessari per risolvere l'attuale crisi che stiamo attraversando.

Nelle pagine che seguono, e che rappresentano in un certo senso la continuazione logica del mio precedente lavoro, ho cercato di dimostrare, dati alla mano, che l'ingresso del nostro Paese nell'Unione monetaria non è poi stato così conveniente come, ancora oggi, molti , soprattutto coloro che sostengono la necessità di rimanere all'interno dell'Unione monetaria europea senza se e senza ma, vorrebbero farci credere.

Partendo da queste premesse, vediamo cosa sta accadendo in Italia in questi ultimi anni, in cui la necessità di trovare soluzioni alla crisi economico-finanziaria che ha colpito il nostro Paese ha consentito di giustificare, a livello istituzionale, decisioni che non sono proprio in linea con i principi costituzionali e con i valori democratici in vigenti. Faccio notare solamente che il governo italiano, che è attualmente in carica, è guidato da un primo ministro che non è stato eletto democraticamente e che, invece, è stato scelto direttamente dal Capo dello Stato per evitare, secondo alcuni personaggi vicini al Presidente della Repubblica, possibili situazioni di instabilità politica verso cui il nostro Paese stava inesorabilmente andando; instabilità che le ultime elezioni politiche, che si sono regolarmente tenute nel rispetto delle regole democratiche, hanno dimostrato ed evidenziato ancor di più.

All'ordine del giorno dell'agenda politica di questo ultimo governo vi sono infatti proprio le riforme istituzionali, tra cui quella elettorale, proprio con l'obiettivo di trovare un sistema che possa dare maggiore stabilità politica al nostro Paese e credibili agli investitori stranieri.

L'esperienza del governo Renzi non è d'altronde il primo caso che abbiamo avuto in questi ultimi anni; infatti, prima della brevissima parentesi del governo Letta che, sebbene sia nato da una consultazione elettorale, ha dato origine ad un governo di larghe intese, sempre su input del Presidente della Repubblica e per superare una situazione di *impasse* politica che era dovuta alla mancanza di una maggioranza di governo, il nostro Paese è stato guidato da un altro governo che è stato direttamente dal Capo dello Stato e cioè quello tecnico presieduto dal prof. Mario Monti. I due governi in questione, quello tecnico di Monti e quello politico di Renzi che ancora oggi guida il nostro Paese hanno chiesto e continuano a chiedere ai cittadini italiani notevoli sacrifici, giustificandoli con l'attuale crisi e con la necessità di uscirne al più presto e facendoli passare per la cura più appropriata per i nostri malanni economico-finanziari. Per suffragare questa tesi, questi stessi governi propinano puntualmente ai propri cittadini previsioni ottimistiche sugli esiti delle politiche che intendono attuare che però, regolarmente, vengono disattese dai fatti e dalle statistiche. La ripresa economica viene proclamata e sbandierata come conseguenza diretta di qualsiasi proposta di politica economica che viene approvata dal governo e che in genere comporta spesso enormi sacrifici per la maggior parte dei cittadini ed in particolare per coloro che non vivono certo grazie ai grandi privilegi che esistono nel nostro Paese.

Ma purtroppo per i cittadini, soprattutto quelli meno abbienti, le previsioni ottimistiche che vengono fatte dai governi devono essere puntualmente spostate di anno in anno soprattutto perché si scontrano con i dati reali che, però, non frenano i nostri *policy maker* dal richiedere e proporre alla popolazione ancora nuovi sacrifici che si nascondono dietro differenti nomi stranieri come *austerity* o *fiscal compact* e che vengono richiesti a difesa della moneta unica, dell'Unione europea, ecc. che sono diventati ormai dei dogmi che, difficilmente, chi vi aderisce può e vuole mettere in discussione.

In nome di un obiettivo comune al quale viene attribuita una rilevanza nazionale, come può essere appunto la soluzione della grave crisi economica che ha colpito la gran parte dei Paesi europei sebbene con differenze anche marcate, vengono adottati provvedimenti speciali, tra cui vi rientra sicuramente la rinuncia al principio costituzionalmente protetto della democrazia rappresentativa.

Quando si è trattato di formare il governo Monti, molti hanno gridato all'incostituzionalità dell'operazione promossa dal Presidente Napolitano; c'è chi ha parlato ad esempio di forzatura e chi invece, come Beppe Grillo, di strappo costituzionale[2].

Ora, tutto ciò, compresi gli eventuali strappi costituzionali di cui sopra, andrebbero sicuramente bene se scaturissero risultati positivi per la collettività ma purtroppo, e questo è il compito principale di questo lavoro, i dati a disposizione dimostrano una realtà e degli esiti molto diversi da quelli sperati e promessi.

Un esempio di previsioni ottimistiche che sono state puntualmente disattese si può avere se prendiamo, ad esempio, il Documento di Economia e Finanza

---

[2] A. Friedman, *Ammazziamo il gattopardo, la storia continua*. Ed. Rizzoli, 2014, Milano

2012 – sezione II, sottoscritto proprio dall'allora Primo Ministro Mario Monti. A pagina 14 del documento si legge: "[...] *dimostrano che le misure di liberalizzazione e di semplificazione porteranno un effetto cumulato sulla crescita di 2,4 punti percentuali del Pil nel 2020. L'Italia ha messo in sicurezza i conti pubblici e avrà nel 2013 un avanzo primario pari al 4,9 per cento.*"

Bene, a questo punto prendiamo in esame l'Annuario statistico italiano 2014 edito dall'Istat, e ci accorgiamo che nel 2013 l'avanzo primario di cui si parla nel Documento di Economia e Finanza 2012 è pari allo 0,7% e quindi inferiore di ben 4,2 punti percentuali rispetto alle previsioni fatte nel documento.

Il Pil, nel 2012, è sceso di 2,8 punti percentuali rispetto all'anno precedente e nel 2013 di 1,7 punti[3],

---

[3] Fonte: Eurostat.

mentre nello stesso Documento di Economia e Finanza, ad esempio, per il 2012, è stata prevista una crescita del Pil, seppur modesta, dello 0,5%. Inoltre, se fosse giusta la previsione in merito alla crescita cumulata del 2,4%, allora dovremmo avere una crescita annua percentuale, a partire dal 2014, nell'ordine delle due cifre, cosa alquanto discutibile ed improbabile.

Ora, il primo indicatore che esamineremo in questo capitolo è proprio il Pil che rappresenta la produzione di beni e servizi ottenuta, in un determinato Paese, dall'attività economica che è svolta all'interno del Paese stesso dai residenti e dai non residenti. Questa produzione, poi, viene redistribuita tra i componenti della collettività sotto forma di remunerazione per i servizi che gli stessi hanno reso nella attività di produzione, sia in qualità di redditi da lavoro, sia in qualità di rendite, sia infine sotto forma di profitti[4]. Questa remunerazione costituisce infine la base imponibile sulla quale lo Stato preleva, attraverso lo strumento fiscale, le risorse necessarie per finanziare i servizi pubblici da erogare alla collettività, come la scuola, la sanità ecc.. Appare, quindi, del tutto evidente l'importanza che assume questo dato per un qualsiasi sistema economico.

Nel periodo che va dal 2011 al 2013, il Pil italiano è diminuito, in media, del 1,3%[5], mentre nel periodo precedente ai due governi Monti e Renzi, ed in particolare negli anni precedenti al 2007, la crescita del Pil è rimasta sempre su valori positivi, sebbene estremamente contenuti.

Questo fatto dimostra, dati alla mano, come la performance italiana

---

[4] Cozzi T., Zamagni S., *Economia Politica*, Ed. Il Mulino, Bologna, 1989.

[5] Fonte: Eurostat

nel periodo che ha preceduto i due governi che non sono stati eletti democraticamente ed in particolare negli anni che hanno preceduto la crisi economica sia stata migliore rispetto a quella registrata nel periodo in cui il Paese è stato guidato dai Ministri Monti e Renzi. Qualcuno, a questo punto, potrebbe affermare che la colpa di questa performance negativa è del contesto internazionale non certo dei due governi che si sono succeduti alla guida del nostro Paese. Ok, va bene, se è così non c'è bisogno di imporre governi specifici con la scusa di risolvere i nostri problemi economici se le cause sono internazionali; basterebbe aspettare che il contesto torni alla normalità.

Se consideriamo, ora, l'andamento del Pil nel periodo compreso tra il 2013 e il 2014, possiamo notare come lo stesso abbia fatto registrare ancora una volta un leggero calo, pari allo 0,7%.

Se ora andiamo ad esaminare la produzione nazionale della Grecia, possiamo constatare che la performance del pil greco sia stata, nel triennio 2011 – 2013, estremamente negativa, registrando un calo medio del 6,5%. La situazione è migliorata di molto però tra il 2013 ed il 2014 facendo registrare un incremento dello 0,8%.

Se ora vogliamo fare una classifica dei Paesi europei, per quanto riguarda la variazione del pil nel biennio 2013 - 2014, è possibile constatare come l'Italia si collochi purtroppo al terz'ultimo posto, mostrando una performance peggiore sia di quella dell'area euro nel suo insieme sia di quella dell'Unione europea sia della Grecia, sebbene quest'ultima abbia sicuramente beneficiato dei prestiti salvataggio erogati dalle Istituzioni europee. Altro dato interessante è che, in questa particolare classifica, tra i primi posti si collocano principalmente Paesi del Nord Europa, eccezion fatta per Malta. Troviamo inoltre Paesi europei non aderenti all'Area euro, come l'Inghilterra, l'Ungheria, la Romania e via dicendo.

I dati che precedono dimostrano, secondo me, due cose fondamentali. La prima, è che le migliori performance per il nostro Paese si sono avute nel periodo precedente ai due governi che non sono stati eletti democraticamente, ovvero quello di Monti e quello di Renzi, compresa la breve parentesi del governo Letta. Questo significa, quindi, che questi governi non hanno certo risolto i problemi che attanagliano il nostro Paese, come invece più volte promesso e come era nelle intenzioni di chi li ha proposti ed imposti.

La seconda cosa che si può affermare, è che i dati sopra richiamati sembrano dimostrare che il nostro Paese non è poi così diverso e così lontano da quello greco che, oggi, corre il serio rischio di uscire dall'unione monetaria, come ultima ratio ai suoi problemi economici e sociali.

Prendendo a riferimento il triennio 2011 – 2013, la classifica italiana non migliora affatto rispetto a quella precedente o meglio peggiora quella di alcuni Paesi europei come la Grecia e il Portogallo. È possibile infatti constatare che il nostro Paese si colloca tra gli ultimi tre Paesi europei che nel triennio hanno fatto registrare la peggiore performance nella variazione del Pil, precedendo Paesi come la Grecia ed il Portogallo. Il nostro Paese fa peggio inoltre dell'area euro a 18 Paesi e dell'Unione europea.

Ora, è necessario far presente che Pil è importante, non solo perché rappresenta la ricchezza che viene prodotta da un determinato Paese e che ritorna nel sistema economico attraverso il prelievo fiscale, ma anche perché il suo valore influisce direttamente su altri indicatori macro-economici molto importanti proprio per l'area euro.

Prendiamo, ad esempio, il rapporto debito pubblico/pil che viene utilizzato per stabilire il limite che i Paesi aderenti all'unione monetaria devono rispettare per poter restare all'interno dell'unione. Come in qualsiasi rapporto aritmetico, anche quello in argomento ha un numeratore, che è il debito pubblico, e un denominatore, che è invece il pil. E come in tutti i rapporti di natura aritmetica, anche quello in esame aumenta o perché aumenta il suo numeratore, cioè l'ammontare del debito contratto dallo Stato, oppure perché, fermo restando questo ammontare, diminuisce il denominatore, cioè il Pil. Stesso discorso vale per il rapporto contabile deficit/pil, che rappresenta un altro parametro di riferimento che tutti i Paesi che aderiscono all'Unione monetaria devono rispettare.

Ora, prendiamo ad esempio il primo dei due rapporti che abbiamo appena richiamato, ovvero quello tra debito e pil con riferimento al periodo compreso tra il 2011 e il 2013.

Nel primo anno, il rapporto debito/pil in Italia era pari a circa 116,4 punti percentuali[6], di 1,1 punti percentuali superiore al dato del 2010. In questo lasso di tempo, mentre il debito pubblico è aumentato del 3%, il pil è diminuito dello 0,6%.

---

[6] Fonte: Eurostat

Nel 2012 il rapporto preso in esame sale a 123,1 punti, con un debito pubblico che cresce del 4% circa ed un pil che scende di circa l'1,7%.

Nel 2013, il rapporto aumenta ancora a 128,5 punti percentuali, a fronte di una crescita del debito pubblico di circa il 4% ed una discesa del Pil di circa lo 0,8%.

Ora, dai dati appena riportati, si può evincere che, fermo restando l'aumento del debito pubblico, una minore riduzione del pil comporta un effetto positivo sul rapporto in parola. È del tutto evidente l'andamento che potrebbe avere tale rapporto se, fermo restando l'aumento del debito pubblico, il pil invece di diminuire aumentasse e, magari, anche in maniera consistente.

Ora, è del tutto evidente che in presenza di una riduzione del prodotto nazionale l'unica soluzione per mantenere il rapporto in esame entro i limiti fissati da Maastrict sia quella di una riduzione del debito pubblico ovvero del suo numeratore.

Ma, al contrario, non sarebbe meglio agire sulla produzione del reddito nazionale piuttosto che sul debito di un determinato Paese, soprattutto in un periodo recessivo come quello attuale? Per ridurre il debito pubblico, due sono infatti le alternative possibili che, in un contesto economico come quello attuale avrebbero conseguenze certo non positive: una soluzione consiste nel ridurre la spesa pubblica, tenendo bene a mente che buona parte di questa è diretta a finanziare gli interessi sul debito già contratto e quindi la conseguenza diretta sarebbe quella di agire sulla spesa pubblica al netto di quella necessaria per il pagamento degli interessi sul debito. L'altra soluzione consisterebbe invece nell'aumentare le entrate pubbliche

che, in una situazione economica recessiva, appare difficile da fare soprattutto in un Paese, come il nostro, in cui la pressione fiscale è già elevata. Al riguardo, e a riprova del ruolo che il Pil in crescita può giocare su questo rapporto, ritengo utile richiamare un interessante articolo apparso su IlSole24Ore del 17 luglio 2015, dell'economista americano Paul Krugman. Quest'ultimo, per testimoniare la fallacia della politica economica espressa dalle istituzioni europee per il salvataggio della Grecia, dichiara che nel 2009, prima che le precedenti politiche della trojka entrassero in vigore, il debito pubblico della Grecia era inferiore a quello registrato nel 2014. L'economista fa presente che tale incremento è da addebitare alla riduzione del Pil greco e che pertanto le politiche di austerity imposte dall'Europa non hanno un impatto benefico nè sul sistema economico del Paese che è obbligato ad attuarle nè sui conti pubblici che tali politiche dovrebbero risanare.

Vediamo cosa succede, ora, all'altro rapporto, quello tra il deficit ed il pil che, nel 2011, è pari al 3,5%, nel 2012 scende al 3,0% e nel 2013 al 2,8%.

In termini assoluti, infatti, il deficit dello Stato italiano è passato dai 57 milioni di euro circa del 2011 ai circa 47 milioni nel 2013.

In particolare, nel 2011 il deficit pubblico scende del 16% mentre il pil dello 0,6%. In termini percentuali, il rapporto in esame scende dello 0,7%.

Nel 2012, il deficit scende del 15% mentre il Pil diminuisce del 1,7%. Il calo del rapporto, in termini percentuali è minore rispetto a quello fatto registrare nel 2011. Forse perché il calo del Pil è stato maggiore rispetto all'anno precedente?

Nel 2013 il calo del deficit è dell'1% mentre il pil si riduce ancora una volta dell'1,7%. Ciò si traduce in una riduzione del rapporto pari allo 0,2%.

Appare senza dubbio evidente il ruolo che ha giocato anche in questo rapporto la riduzione del suo numeratore, il deficit appunto, nonostante il suo denominatore non avesse fatto registrare performance certo positive. Appare altrettanto evidente, come detto per il rapporto debito/pil, quale poteva essere il relativo andamento nel caso di un aumento del Pil.

Anche in questo caso vale il discorso che abbiamo fatto per il rapporto debito/pil. Per ridurre il rapporto deficit/pil possiamo scegliere di operare o sul numeratore o sul denominatore. Nel caso si operasse sul numeratore, ovvero sul deficit, le soluzioni possibili per ridurlo sono sostanzialmente due. Una può consistere nella riduzione della spesa pubblica, la seconda in un aumento delle entrate pubbliche. In un caso, a risentirne potrebbero essere i servizi pubblici offerti alla collettività, nell'altro la competitività del nostro Paese, direbbe qualcuno. Ecco perché continuamente sentiamo proporre, sia dai governi di sinistra sia da quelli di destra, una riduzione delle entrate ma questo comporta necessariamente una riduzione della spesa pubblica, soprattutto in presenza del vincolo del fiscal compact ovvero del pareggio di bilancio che, come Paese che aderisce all'unione monetaria, siamo stati costretti ad accettare e ad introdurre nel nostro ordinamento attraverso la modifica della Carta costituzionale. Appare chiaro, infatti, che ridurre la spesa pubblica consente ad uno Stato di ridurre anche le proprie entrate pubbliche.

"In sessant'anni, nessun economista degno tale nome ha mai pensato che un paese in fase recessiva possa avere il bilancio in pareggio."

Qualcuno potrebbe pensare che queste parole siano state pronunciate da qualche personaggio che oggi è contrario al fatto che l'Italia rimanga nell'euro come ad esempio Grillo; in realtà le parole sopra riportate sono di un famoso economista americano Joseph E. Stiglitz che nel 2002, affrontando le problematiche delle varie crisi economico-finanziarie dei primi anni del XXI secolo, mostrava le scellerate politiche imposte dal FMI ai paesi dell'est asiatico. Stiamo parlando di ben 15 anni fa e gli errori di allora non sembrano aver insegnato molto a chi oggi cerca di curare l'attuale crisi con ricette molto simili a quelle dettate allora dal Fondo. Come spiega molto bene lo stesso Stiglitz, in un momento di recessione economica la base imponibile diminuisce e le entrate per lo Stato si riducono. Quindi, per mantenere il bilancio in pareggio, l'unica soluzione è la riduzione delle spese con il risultato di deprimere l'economia.[7] In un altro suo lavoro, l'economista americano afferma che *"Se cominciano a credere al mito della riduzione del deficit, che avvalora l'edeologia del conservatorismo fiscale, le fasi recessive dell'economia non faranno che peggiorare."*[8]

Tornando al famigerato fiscal compact, Gabriele Sonnino[9] ci richiama, al riguardo, l'art. 4 del Trattato sul fiscal compact che stabilisce espressamente che *"Quando il rapporto tra il debito*

---

[7] J. E. Stiglitz, *La globalizzazione e I suoi oppositori*, Ed. Giulio Einaudi s.p.a., 2002 Torino

[8] J. E. Stiglitz, *I ruggenti anni Novanta*, Ed. Giulio Einaudi s.p.a., 2004 Torino

[9] G. Sonnino, *Fuga dall'euro, come emanciparci dalla morsa della BCE*, Ed. Fuoco.

pubblico e il prodotto interno lordo di una parte contraente supera il valore di riferimento del 60%, tale parte contraente opera una riduzione a un ritmo medio di un ventesimo all'anno.". L'autore continua mostrando una proiezione di ciò che questo articolo, applicato al caso italiano, può comportare. Richiamando le varie tesi che girano al riguardo, a seconda di come vengono interpretate le metodologie di calcolo, risulta che il nostro Paese deve ridurre il proprio debito pubblico di 10, 20, 30 o 50 miliardi l'anno. Al di là dell'esatto importo, la questione assume una particolare rilevanza se consideriamo che i nostri Governi riescono già difficilmente a far quadrare i propri conti senza questa ulteriore spada di Damocle sulla testa (e poi oggi ascoltiamo il buon Renzi che promette per il prossimo futuro la riduzione della tassa sulla casa, dimostrando doti di alchimista notevoli.). Dove potranno mai essere presi questi soldi? Ma attraverso la riduzione della spesa pubblica, attraverso la guerra senza frontiere alla burocrazia e ai dipendenti pubblici considerati il male e la vergogna del nostro sistema economico, attraverso lo smantellamento del *walfare state* ritenuto, a torto, solo fonte di sprechi ed inefficienze come se queste non siano dovute proprio a chi oggi, come allora, grida allo scandalo, addossando su altri le proprie colpe.

Dai dati sopra riportati, si evince, io credo, una duplice conseguenza. La prima, è che nel triennio in cui il Paese è stato guidato da governi tecnici o da governi politici non eletti democraticamente, soprattutto per quanto riguarda il rapporto debito/pil, questo è aumentato, alla faccia della necessità di mantenere in vita tali governi che sarebbero nati proprio per risolvere tali situazioni economiche.

La seconda conseguenza, che è possibile rinvenire nella lettura dei dati sopra riportati, riguarda secondo me il fatto che il problema del nostro Paese non sta necessariamente nel livello elevato del debito pubblico quanto piuttosto in quello estremamente basso del Pil e, soprattutto, nell'incapacità del nostro Paese di far crescere tale secondo fattore da un po' di anni a questa parte.

Molti, al riguardo, potrebbero sostenere che il basso livello del pil è dovuto proprio al debito pubblico estremamente elevato e, quindi, al fatto di dirottare le risorse a disposizione del bilancio pubblico verso il pagamento degli interessi sul debito piuttosto che verso il finanziamento di spese produttive che avrebbero un effetto positivo sulla crescita del pil. Si avrebbe, in sostanza, quell'effetto che i bravi economisti chiamano effetto spiazzamento.

In realtà, non credo che sia proprio così. Il debito contratto da uno Stato, in genere, viene utilizzato per coprire quelle spese che si è deciso di sostenere e che lo Stato non è in grado di coprire adeguatamente con le proprie entrate, così come avviene in un qualsiasi bilancio, anche in quello famigliare. Io credo che il problema di qualsiasi debito, pubblico o privato che sia, stia nell'utilizzo che si fa del denaro che viene preso in prestito. Un debito che viene utilizzato per finanziare spese improduttive è sicuramente negativo ma se, invece, la somma che viene presa in prestito viene utilizzata per finanziarie investimenti produttivi capaci di creare ricchezza, allora sarà possibile in questo caso non solo ripagarsi il debito contratto e gli interessi sullo stesso ma sarà possibile acquisire nuove entrate calcolate sulla parte residua determinata una volta ripagato il debito. In sostanza, come molti ancora oggi ritengono giustamente, secondo il mio modesto parere, il debito se utilizzato correttamente ed oculatamente può autofinanziarsi attraverso la creazione di ricchezza. È chiaro che, qualora ciò non dovesse accadere, il debito contratto assume una connotazione necessariamente negativa. Un debito pubblico che viene finalizzato a finanziare spese di investimento avrebbe, infatti, effetti espansivi sul pil che, aumentando, produrrebbe un incremento delle entrate pubbliche necessarie per coprire, da una parte, gli interessi prodotti dal debito e, dall'altra, per finanziare le spese necessarie per erogare servizi pubblici.

Se ci pensiamo bene, lo stesso discorso vale per il debito contratto da un qualsiasi soggetto privato. Ipotizziamo di chiedere in prestito una somma di denaro per comprare una macchina, magari di grossa cilindrata, magari per il solo gusto di ostentarla con gli amici. Questo tipo di spesa non può essere certo definita produttiva ma rappresenta un semplice costo per chi la sostiene. Ora ipotizziamo di utilizzare invece una cifra di denaro magari più consistente, che abbiamo preso in prestito, per investirla in un'attività commerciale che dopo alcuni anni inizia ad ottenere un gran successo e a creare profitti sostanziosi. In questo caso, il debito contratto, capitale e interessi, verrebbe totalmente ripagato dai citati profitti la cui parte residua, una volta ripagato il prestito ricevuto, potrà essere messa da parte.

In tale ambito, vorrei ricordare ancora una volta come un economista americano di idee sicuramente liberiste, Schumpeter, abbia ritenuto il mercato del credito uno strumento necessario per garantire al sistema economico di crescere. Chiaramente tale strumento può avere questa finalità solo se viene messo a disposizione di una persona specifica che, per l'economista, è l'imprenditore innovatore. Il mercato del credito presuppone necessariamente un operatore che presta denaro da un lato, e un operatore, l'imprenditore innovatore appunto, che prende denaro in prestito dall'altro per creare ricchezza. Quindi, in parole povere, chi presta e chi si indebita. Ora, non è possibile affermare che Schumpeter fosse un economista vicino a Keynes e alle sue idee ma piuttosto possiamo affermare che egli fosse più vicino alle idee che vengono oggi proposte dagli economisti e dai tecnici che siedono a Bruxelles.

Fatta questa breve disamina sul debito e sul deficit pubblici, se analizziamo ora l'andamento della spesa pubblica nel corso degli anni, ovvero nel periodo compreso tra il 2011 ed il 2013, è possibile constatare come la spesa in conto capitale nel nostro Paese è diminuita mediamente di circa il 4,6%, mentre la spesa in conto corrente è aumentata dell'1,1%[10]; aumento che scende allo 0,76% se consideriamo la spesa al netto degli interessi sul debito. Ora, in linea di principio, è proprio la prima tipologia di spesa, se gestita correttamente ed in modo efficace, che può generare ricchezza e non certo la seconda, come affermava d'altra parte un grande economista del passato, anch'egli sostenitore del libero mercato, come Adam Smith quando parlava del ruolo

---

[10] Istat, Annuario Statistico Italiano 2014

dello Stato nella realizzazione di opere pubbliche.

Capitolo 2. Il tasso di disoccupazione e i salari.

Un altro indicatore economico, che è molto importante esaminare e che peraltro risulta strettamente connesso a quello che abbiamo analizzato nel capitolo precedente e cioè il Pil, è quello relativo al tasso di disoccupazione che, nel quadriennio 2011 – 2014, è aumentato in Italia di ben 4,3 punti percentuali raggiungendo quota 12,7% che, in termini assoluti, vuol dire 22 milioni di persone circa[11]. Se poi andiamo ad analizzare il tasso di disoccupazione giovanile, di coloro che hanno meno di 25 anni, possiamo notare che questo indicatore è aumentato addirittura di 13,6 punti percentuali passando da una quota del 29,1% ad una quota del 42,7% nel 2014. Possiamo a questo punto raffrontare questi

---

[11] Fonte:Ocse

dati con quelli relativi alla Grecia, il cui tasso di disoccupazione risulta molto più alto del nostro e pari al 26,5%, con un aumento nel quadriennio che stiamo considerando di 8,6 punti percentuali. Se poi, anche qui, consideriamo il tasso di disoccupazione giovanile, possiamo constatare invece come il suo incremento sia stato comunque inferiore a quello italiano, pari a 7,7 punti percentuali[12]. Nel 2014 il tasso di disoccupazione giovanile in Grecia rimane comunque più alto che in Italia ma questo, mi sia concesso, non è certo una consolazione per noi.

Prima ho detto che i due fattori fin qui analizzati, il Pil da un lato e il tasso di disoccupazione dall'altro, sono tra loro strettamente correlati e questo perché, tendenzialmente, le possibilità di occupazione per i

---

[12] Fonte:Ocse

cittadini diventano peggiori quando minore è la capacità di un sistema di creare al suo interno ricchezza.

Proprio mentre si sta scrivendo, dalla televisione, dalla radio e dai giornali viene data la notizia di un cambio di rotta proprio del tasso di disoccupazione. Da notizie che si possono reperire sul sito internet dell'Istat, è possibile infatti constatare che nel mese di maggio 2015 il tasso di disoccupazione è sceso al 12,4% e a questa notizia c'è chi esulta, chi festeggia e, magari, anche chi brinda per la notizia all'apparenza molto importante. Qualcuno dice che è comunque un cambio di rotta di particolare rilievo proprio perché un cambio rispetto alla dinamica discendente del tasso. In realtà, è possibile constatare che il livello registrato a maggio 2015 risulta sempre maggiore rispetto a quello del 2013 di ben 0,3 punti percentuali e di pochissimo inferiore a quello del 2014, di circa lo 0,3 punti.

Se ora analizziamo il quadriennio 2007 – 2010, è possibile constatare come l'aumento del tasso di disoccupazione nel nostro Paese sia stato sicuramente minore rispetto a quello registrato nel quadriennio 2011-2014, mantenendosi ad una quota percentuale di una sola cifra. Lo stesso discorso vale per la Grecia che, addirittura, tra il 2007 ed il 2008 ha fatto registrare un calo della disoccupazione, sebbene a partire dal 2010 la situazione è cambiata ed il tasso di disoccupazione ha iniziato a registrare performance negative a due cifre.

Anche in questo caso è possibile fare una classifica tra i vari Paesi europei prendendo a riferimento il tasso di disoccupazione. Purtroppo, in questa classifica, il nostro Paese si colloca al penultimo posto avendo fatto registrare, nel triennio 2011 – 2013, il maggior incremento di tale tasso, lasciando l'ultimo posto proprio alla Grecia ma solo per pochi punti. Se ora consideriamo il tasso di disoccupazione fatto registrare nel 2014, l'Italia migliora di poco la propria posizione, recuperando tre posizioni; peggio dell'Italia vi sono solo la Slovacchia, il Portogallo, la Spagna e la Grecia. Quasi tutti Paesi del sud Europa. È possibile inoltre notare come l'Italia si collochi in una posizione peggiore rispetto all'Unione europea presa nel suo complesso che comprende, al suo interno, anche quei Paesi europei che non aderiscono all'area euro. È un segnale?

Altra particolarità, sta nel fatto che le peggiori performance riguardano in genere i paesi del sud Europa che, forse, da questa Unione monetaria non hanno poi ricevuto grandi vantaggi come ci si attendeva e come ancora oggi molti continuano a sostenere contro ogni evidenza. In questa classifica, tra i primi dieci Paesi con il più basso tasso di disoccupazione, troviamo la Germania e l'Austria ovvero i Paesi del nord Europa che sono, peraltro, gli unici della Area euro in questa posizione di classifica. Se ora consideriamo il 2009, la classifica del nostro Paese migliora sensibilmente avvicinandosi ai livelli della Germania.

Vale da ultimo sottolineare il fatto che il livello di disoccupazione così elevato, fatto registrare in Italia nel 2014, non è stato mai raggiunto nel nostro Paese neanche prima della sua adesione all'euro. Se consideriamo ad esempio il 1995, anno particolare per la particolare situazione in cui versava la nostra economia e per il dibattito accesissimo sulla necessità di adottare riforme di particolare portata per uscire da questa situazione particolare, possiamo constatare come la situazione del nostro Paese, per quanto riguardare la disoccupazione, non sia peggiore di quella attuale, anzi anche se di poco sicuramente migliore.

La situazione è ancora più drammatica se analizziamo la disoccupazione giovanile nel nostro Paese. Sempre in un'ipotetica classifica tra i Paesi europei, è possibile notare come l'Italia si collochi negli ultimi sei posti, addirittura dopo la Grecia.

Ora, quando parliamo di disoccupazione, non possiamo non fare riferimento al contesto produttivo che necessariamente contribuisce all'occupazione o alla disoccupazione e sul quale si ritornerà più approfonditamente in un capitolo a parte, più avanti.

Il problema, va subito detto, è che la domanda di lavoro non proviene solamente dagli operatori privati, e questo è ancora più vero in una situazione di depressione o di recessione economica, ma può venire anche dal settore pubblico. Tenuto conto di questa precisazione doverosa, è possibile constatare come nel periodo 2011 – 2013 il numero di occupati nel settore privato italiano (industria, costruzioni, servizi) è sceso di circa lo 0,59%[13], con un calo medio nell'industria di circa il 2%, nel settore delle costruzioni addirittura del 5%, mentre in quello dei servizi vi è stato un leggero incremento, pari allo 0,3%[14]. Nel triennio precedente, quello che va dal 2008 al 2010, la performance è stata la seguente: industria -3%; costruzioni -0,8%; servizi -0,2%. Il calo complessivo nel settore privato è stato dello 0,7%. Non mi sembra che i due governi Monti e Renzi, che si sono alternati alla guida del Paese, abbiamo fatto registrare

---

[13] Fonte:Ocse
[14] Fonte:Ocse

performance particolarmente brillanti, considerato che nel 2014 il numero di occupati nel settore aumenta di una piccolissima percentuale, pari allo 0,07. A questo punto, non sono certo io a dover trarre le dovute conseguenze da questi semplici ed asettici dati statistici che ho appena riportato.

Mantenendoci nell'ambito del mercato del lavoro, in tre anni, ovvero dal 2011 al 2013, il reddito disponibile delle famiglie italiane è sceso dell'1%. Se, però, consideriamo il loro potere di acquisto, lo stesso è diminuito registrando nel 2013 un calo dell'1,2%. Dagli anni che vanno dal 1999 al 2007, il potere di acquisto ha fatto registrare, invece, sempre variazioni di segno positivo[15]. Vorrà pur dire qualcosa questo, no?

---

[15] Istat, Annuario Statistico italiano 2014.

Capitolo 3. I consumi

In questo capitolo analizzerò, invece, un altro importante indicatore che è necessario considerare all'interno di un qualsiasi sistema economico perché entra necessariamente nel processo di creazione della produzione. Sto parlando dei consumi che, all'interno di un determinato sistema, vengono sostenuti sia dai privati, ovvero dalle famiglie e dalle imprese, sia dallo Stato. La prima categoria di operatori economici consumano utilizzando ciò che ricevono come corrispettivo per il contributo prestato all'interno del contesto produttivo, lo Stato consuma spendendo le entrate che riesce ad incamerare.

Ora, come già ho avuto modo di affermare nel capitolo precedente, se ci troviamo in una condizione tale per cui i consumi privati si riducono, appare discutibile intervenire per contenere la spesa pubblica, a meno che tale intervento non sia finalizzato ad eliminare gli eventuali sprechi esistenti nella gestione della spesa, cosa che sembra essere nelle intenzioni di chi propone questa politica di tagli ma che, in realtà, come vedremo, non è assolutamente così.

Bisogna premettere che un qualsiasi sistema economico tende a crescere proprio grazie al ruolo dei consumi, almeno secondo la mia personalissima opinione. Al riguardo, mi trovo pienamente d'accordo con quanto sostenuto da Keynes secoli fa quando l'economista inglese si è posto criticamente con qualsiasi altra teoria opposta, come quella dei cosiddetti offertisti o liberisti che risulta molto di moda negli ultimi tempi, soprattutto negli ambienti delle Istituzioni di Bruxelles. Quando parlo di consumi faccio riferimento, oltre che ai consumi di beni e servizi anche agli investimenti che possiamo considerare come il consumo di quei beni capitali che entrano a far parte del processo produttivo che viene sostenuto da chi produce. Come abbiamo visto nel primo capitolo, ciò che viene prodotto dal sistema economico, ovvero il Pil o reddito nazionale, torna di nuovo all'interno del sistema sotto forma di remunerazione dei fattori produttivi che hanno contribuito alla realizzazione del Pil e questo grazie al ruolo che viene svolto dai consumi nella loro accezione più ampia, compresi quindi gli investimenti. Tale remunerazione viene utilizzata da alcuni per consumare e da altri per investire. Entrambi i fattori considerati contribuiscono, con il loro aumento, ad incrementare la produzione.

La famosa equazione della produzione, quella che viene

insegnata nelle università, ovvero nella sua versione breve Y=C+I, non è altro che una identità contabile tra i consumi e gli investimenti da una parte, ed il reddito dall'altra o, che è la stessa cosa, il prodotto nazionale (PIL). Se poi consideriamo un sistema economico aperto quale è quello in cui viviamo attualmente, nella parte destra dell'equazione sopra riportata dobbiamo considerare, in aggiunta alle variabili del consumo e dell'investimento, anche le esportazioni (X) e le importazioni (M).

All'interno di questa equazione dobbiamo poi considerare il ruolo importante che viene svolto dal Governo che, proprio nella sua qualità di operatore anche economico, interviene e influisce sul consumo attraverso la spesa pubblica che, nell'identità contabile sopra riportata, viene indicato con la lettera G. Da quanto precede, avremo quindi la seguente equazione che, poi, è quella più famosa e conosciuta: $Y = C+I+G+X-M$. L'equazione ci dice, in sostanza, che il reddito, quello prodotto da una determinata nazione, aumenta all'aumentare dei consumi, degli investimenti, della spesa pubblica e delle esportazioni mentre tende a diminuire all'aumentare delle importazioni che influiscono positivamente sul reddito della nazione che esporta e non su quello del Paese che importa.

Ciò significa che se il consumo aumenta, tendenzialmente aumenta anche la produzione e, di conseguenza, anche la domanda di lavoro da parte di chi produce. Un aumento dell'occupazione si riflette quindi positivamente sulla crescita dei consumi innescando, in questo modo, un ciclo virtuoso di crescita complessiva. Infatti, all'aumentare della produzione, aumenta in genere la remunerazione dei fattori produttivi che, conseguentemente, può essere utilizzata per una nuova domanda di beni e servizi. Quest'ultima spinge chi produce ad aumentare gli investimenti nell'ottica di realizzare profitti futuri più alti e questo porta ad un aumento dell'occupazione che vuol dire, ancora una volta, un aumento dei consumi e della produzione.

Un altro aspetto molto importante legato all'aumento del reddito nazionale, riguarda l'aumento della cd. base imponibile sulla quale il Governo applica le imposte necessarie ad acquisire le entrate dirette a finanziare le relative spese e questo determina un aumento del gettito fiscale senza la necessità per lo Stato di aumentare le imposte esistenti attraverso un incremento delle relative aliquote.

Tutto questo discorso, chiaramente, può funzionare solo in

presenza di una situazione economica particolare dove non vi è piena occupazione dei fattori produttivi, come d'altra parte sostengono i bravi economisti. In caso contrario infatti, ovvero nella ipotesi dove invece si verifica piena occupazione dei fattori produttivi, gli effetti di un aumento dei consumi si ripercuoterebbe solamente sui prezzi aumentando il tasso di inflazione e surriscaldando (termine questo molto caro ai tecnici del settore), in questo modo, l'economia. Un aumento dell'inflazione, infatti, secondo i suoi più acerrimi detrattori determinerebbe una riduzione del potere di acquisto e, quindi, una riduzione dei consumi. Senza dilungarmi su questo aspetto, di cui ho già avuto modo di parlare nel mio precedente lavoro, vorrei soltanto ricordare che, se ci pensiamo bene, l'inflazione ha degli effetti negativi essenzialmente sui creditori e su una parte di lavoratori ovvero su quelli con salari fissi. In realtà, ciò che dovrebbe preoccupare più dell'inflazione è la deflazione ovvero la riduzione dei prezzi, come d'altra parte aveva capito secoli fa Keynes. Infatti, una riduzione dei prezzi avvia quel processo che porta inesorabilmente ad un aumento della disoccupazione.

Dai dati disponibili, relativi al triennio 2011 – 2013, si può notare come nel nostro Paese, mentre il tasso di disoccupazione aumenta, i consumi ed il Pil tendono a diminuire, dimostrando una certa correlazione tra la disoccupazione da un lato ed i consumi ed il Pil dall'altro, come abbiamo detto sopra. Gli investimenti pubblici, prendendo a riferimento le spese in conto capitale delle Amministrazioni pubbliche, hanno fatto registrare lo stesso andamento decrescente dei consumi privati nel periodo 2011 – 2013, registrando una drastica riduzione pari al 4,6%. Infine, è possibile constatare che nel periodo preso in considerazione l'indice generale dei prezzi al consumo ha registrato un forte arresto registrando una crescita vicina allo 0%[16] e mettendo in evidenza quanto abbiamo sostenuto sopra in merito alla possibile relazione tra una riduzione dei prezzi ed un aumento della disoccupazione.

Tutto ciò si riflette necessariamente sul tessuto produttivo del nostro Paese di cui abbiamo parlato in precedenza. Minori consumi e minori investimenti, infatti, determinano sicuramente una minore produzione e, quindi, alla lunga, una maggiore disoccupazione.

Una conferma di quanto precede, viene dall'analisi delle

---

[16] Istat, statistiche flash

vendite al dettaglio da parte delle nostre imprese il cui indice, come è possibile notare, è inesorabilmente sceso nel nostro Paese, nel triennio 2011 – 2013, passando dai 98,2 punti del 2011 ai 92,5 punti del 2013. Stessa situazione si ha se consideriamo il fatturato delle imprese del commercio all'ingrosso, anch'esso sceso da 100 a 98,9 punti[17]. Nello stesso periodo, è possibile constatare inoltre un andamento analogo da parte dell'indice della produzione industriale che è sceso da 101,3 a 92,1.

Ora, tutto ciò trova sicuramente una correlazione diretta con l'andamento dei consumi ed in particolare di quelli privati che, in Italia, sono scesi in media, nel triennio 2011 – 2013, del 1,4%[18]. Se d'altra parte consideriamo i consumi pubblici, è

---

[17] Fonte: dati Istat. Annuario statistico 2014.
[18] Fonte: dati Istat. Annuario statistico 2014

possibile notare come anche questi abbiamo registrato un calo medio di una percentuale pari allo 0,26%[19]. La domanda nazionale complessiva, comprensiva degli investimenti, è scesa mediamente, nel triennio preso in esame, del 2,6%.

A questo punto, qualcuno potrebbe pensare che la soluzione a tutto questo è molto semplice ed ovvia. Basta aumentare ed incentivare i consumi e magari farlo con misure come quelle approntate dai recenti governi tecnici che, almeno nelle loro intenzioni, sono destinate proprio ad incentivare i consumi. Tra queste misure mi riferisco, in particolare, a quella di rimettere nelle buste paga dei lavoratori i famosi 80 euro mensili (che poi non sono proprio 80 euro). In effetti sembrerebbe una soluzione semplice, banale e di facile applicazione. Che problemi ci

---

[19] Dati Istat

sono quindi? Per me, le criticità sono sostanzialmente due che, peraltro, sembrano tra loro strettamente connesse. Una di queste, è l'obbligo di contenimento della spesa pubblica che deriva, per il nostro Paese, proprio dal fatto di aver aderito all'Unione monetaria. Minore spesa pubblica significa, per i sostenitori di questa misura, meno debito pubblico, meno tasse e quindi maggiore crescita. In realtà, io penso che meno spesa pubblica, e quindi minori consumi pubblici, vuol dire da un lato meno servizi per il cittadino e, ricorrendo all'identità contabile sopra riportata, una riduzione della lettera G che, come abbiamo visto determina una riduzione della produzione nazionale e, quindi, una maggiore disoccupazione, quando le altre variabili rimangono costanti. È vero, nella busta paga mi ritroverò magari 80 euro in più (chiaramente sono lordi e inoltre non tutti i lavoratori hanno diritto a questo bonus) ma mi bastano per pagare quei servizi che lo Stato non mi garantisce più oppure l'aumento dell'IVA, oppure l'aumento delle tasse sui depositi bancari e via dicendo?

Il contenimento della spesa pubblica, con particolare riguardo a quella in conto capitale che nel nostro Paese è scesa, nel periodo 2011 – 2013, di una percentuale pari al 4,6%, ha sicuramente un impatto non indifferente sui servizi sociali offerti alla collettività. Recentemente, i magistrati della Corte dei Conti sono intervenuti in occasione della relazione sul rendiconto generale dello stato per l'esercizio finanziario 2014, dalla quale si evince che, in questi ultimi quattro anni, la spesa in conto capitale del Governo è diminuita drasticamente del 12% e la sua componente relativa agli investimenti fissi lordi del 23%.

Ora, andando ad analizzare il dato relativo alla performance registrata dalle diverse tipologie di spesa pubblica nel corso del triennio[20], è possibile constatare prima di tutto una cosa molto interessante con riferimento alla spesa sanitaria che è scesa, nel periodo 2011 – 2013, dell'1,5%.

Nello stesso periodo, la spesa per la sicurezza interna è scesa, invece, del 3,5%, mentre quella sostenuta dallo Stato per la difesa è scesa del 13,4%.

Un altro dato molto inquietante è quello relativo alla spesa per l'educazione che ha fatto registrare un calo del 2%. In questo particolare scenario, l'unica tipologia di spesa che ha registrato un incremento è stata quella per il finanziamento della spesa sociale. Forse perchè stiamo diventando uno dei Paesi più vecchi o forse

---

[20] Dati Oecd

perchè sta aumentando la disoccupazione? O forse per entrambe queste motivazioni? Credo che siano domande più che legittime da porsi. Proprio mentre sto scrivendo, ho letto su una rivista del IlSole24Ore la notizia dell'avvenuto taglio ai danni dei bilanci delle amministrazioni locali del nostro Paese, operato dal Governo per finanziarie proprio la manovra degli 80 euro in busta paga. Sarebbe bello studiare, a questo punto, la correlazione esistente tra questi 80 euro che i cittadini (non tutti) si ritrovano in più in busta paga e l'impatto dei tagli di bilancio sui servizi offerti ai medesimi cittadini. Io credo, senza timore di sbagliare di grosso, che questi 80 euro (che ricordo ancora una volta non sono 80 in realtà) basteranno a pagare solamente una piccola parte di quei servizi che il settore pubblico non potrà più garantire per effetto dei tagli operati sul relativo bilancio. A questo punto, sarebbe bello poter chiedere, oggi, ad un liberista come Adam Smith che cosa ne pensa di una tale politica di contenimento della spesa pubblica che, invece di essere diretta a ridurre gli sprechi e, quindi, assolutamente meritevole in linea di principio, è rivolta molto spesso a colpire la spesa anche in quei settori in cui anche l'economista scozzese, sebbene fervente liberista, riconosceva un ruolo importante e centrale allo Stato. I magistrati contabili, nella relazione sopra citata, suggeriscono una revisione coraggiosa dei confini dell'intervento pubblico attraverso una maggiore partecipazione dei cittadini alla copertura di alcuni servizi, in base alla capacità contributiva degli stessi (Il libro dei sogni?).

Io credo che sia evidente l'impatto che una politica di contenimento della spesa pubblica possa avere sul sistema economico, soprattutto se questa avviene in un momento in cui si contraggono i consumi privati delle famiglie. Keynes, molti anni fa, aveva invitato gli Stati a spendere, anche in deficit, per compensare la carenza di investimenti e di consumi privati.

Oggi, nella analoga situazione di consumi ed investimenti privati in calo, la ricetta è quella di ridurre la spesa pubblica.

D'altronde, appare del tutto inverosimile pensare di incentivare l'aumento dei consumi privati quando, come abbiamo visto poco sopra, il potere di acquisto delle famiglie è sceso e il tasso di disoccupazione aumenta come sta accadendo nel nostro Paese. In più, ci aggiungiamo un calo della spesa dello Stato e credo che il quadro sia molto chiaro.

Qui di seguito, si riporta la tabella Istat, relativa al contributo

alla crescita del Pil con riferimento al
periodo 2009 - 2013:

Contributi alla crescita del Pil					
Aggregati	2009	2010	2011	2012	2013
Domanda nazionale al netto delle scorte	-3,0	0,8	-0,8	-4,2	-2,9
Consumi finali nazionali: - spesa delle famiglie residenti - spesa delle AP - spesa delle Isp	- 0,9 - 1,0 0,1 0,0	0,9 0,8 0,1 0,0	- 0,4 0,0 - 0,4 0,0	- 2,8 - 2.5 - 0,3 0,0	- 1,8 - 1,7 - 0,1 0,0
Investimenti fissi lordi e oggetti di valore	-2,1	-0,1	-0,4	-1,5	-1,0
Variazione delle scorte	-1,2	1,1	0,2	-0,9	0,0
Domanda estera netta	-1,3	-0,2	1,2	2,8	0,9
Prodotto interno lordo	-5,5	1,7	0,6	-2,3	-1,9

Fonte: Istat, Elaborazione dei dati sui consumi delle famiglie (E); Conti economici delle famiglie e delle Istituzioni sociali private (E); Conti e aggregati economici delle amministrazioni pubbliche (E); Conto economico del resto del mondo (E); Investimenti fissi lordi (E); Calcolo della variazione delle scorte (E).

Ora proviamo a fare un esercizio semplice semplice ipotizzando che nel triennio 2011 –

2013 il consumo delle amministrazioni pubbliche risulti positivo, fermo restando l'andamento dei consumi privati.

La tabella precedente diventerebbe la seguente:

Contributi alla crescita del Pil					
Aggregati	2009	2010	2011	2012	2013
Domanda nazionale al netto delle scorte	-3,0	0,8	0,0	-2,7	-2,0
Consumi finali nazionali: - spesa delle famiglie residenti - spesa delle AP - spesa delle Isp	- 0,9 - 1,0 0,1 0,0	0,9 0,8 0,1 0,0	0,4 0,0 0,4 0,0	- 1,2 - 2.5 1,3 0,0	- 1,0 - 1,7 0,7 0,0
Investimenti fissi lordi e oggetti di valore	-2,1	-0,1	-0,4	-1,5	-1,0
Variazione delle scorte	-1,2	1,1	0,2	-0,9	0,0
Domanda estera netta	-1,3	-0,2	1,2	2,8	0,9
Prodotto interno lordo	-5,5	1,7	1,4	-1,8	-1,1

E' possibile notare, a questo punto, come la riduzione dei consumi finali nazionali risulterebbe minore rispetto alla situazione attuale fotografata dall'Istat e come questo fatto si ripercuoterebbe positivamente sull'andamento del pil.

L'altro problema, che frenerebbe l'aumento dequindi il processo virtuoso di cui abbiamo parlato in precedenza, è rappresentato dalla disoccupazione elevata. Se maggiore è il numero di persone che non lavorano, infatti, minori sono verosimilmente i consumi e, quindi, vista da un'altra prospettiva, minori sono i profitti che potranno essere realizzati dalle imprese in un'ottica futura. I due problemi sono tra loro connessi e strettamente legati perché, come ci insegna Keynes, in periodi di grave crisi economica, quando i consumi sono bassi, la propensione ad investire da parte di chi produce diminuisce e, quindi, anche la domanda di lavoro si contrae a tutto vantaggio dell'aumento della disoccupazione che porta ad un'ulteriore riduzione dei consumi e, ancora una volta, alla contrazione degli investimenti, innescando in questo modo un circolo pericoloso per il sistema economico di un determinato paese.

In periodi di crisi economica, quindi, secondo il mio modesto parere sarebbe opportuno incentivare i consumi e ciò è possibile aumentando soprattutto quelli pubblici e questo in particolare quando quelli privati sono bassi ed in fase di contrazione per effetto di fattori psicologici legati alla sfiducia nei confronti del futuro economico di un determinato Paese.

Cos'è che oggi non funziona, con riferimento a tutto quello che abbiamo appena detto? Che la principale politica promossa dalle Istituzioni europee è, da sempre, quella del contenimento della spesa pubblica a tutti i costi che, recentemente, ha portato l'Europa ad imporre il famigerato *fiscal compact*. La soluzione ai problemi economici che stiamo vivendo non riguarda, secondo me, soltanto i consumi delle famiglie, come ci vogliono far credere i nostri cari governanti, proponendo misure atte a ridare slancio a questi consumi, ma riguarda anche il ruolo dello Stato attraverso la spesa pubblica che, nel triennio preso in esame, è scesa notevolmente.

Il nocciolo della questione, riassumendo, consiste nella contrapposizione ormai secolare tra visioni diverse e contrapposte che vedono da un lato coloro che hanno a cuore la dinamica dei prezzi con particolare riferimento alla loro crescita, cioè all'inflazione, e dall'altro lato coloro che invece sono più preoccupati della crescita della disoccupazione. Questa contrapposizione pone di fronte coloro quindi che ritengono l'inflazione un male maggiore della disoccupazione e quelli che pensano, invece, il contrario; coloro che sono per lo Stato minimo e coloro che invece gli riconoscono un ruolo importante anche in campo economico; coloro che sostengono la legge di Say, per la quale l'offerta crea la domanda, e coloro che invece gli sono contrari, sostenendo che è invece la domanda a determinare l'offerta.

Sempre facendo riferimento ai dati disponibili, è possibile constatare che, ad una riduzione media della domanda nazionale, pari a circa il 2,63%, tra il 2011 ed il 2013[21], corrisponde una riduzione media del pil di circa l'1,2%[22]. Dato di particolare rilevanza è quello che vede gli investimenti scendere, nel periodo preso in esame, del 4,9%[23].

---

[21] Fonte: Istat
[22] Fonte: Istat
[23] Istat, Annuario Statistico Italiano 2014

Ok, va bene, i dati sono un po' negativi ma bisogna tenere duro, direbbero i nostri governanti passati e presenti o coloro che sono per rimanere a tutti i costi nell'Area euro. I sacrifici dei soliti noti, che poi coincidono generalmente con i meno privilegiati, sono indispensabili per far uscire il nostro Paese dalla crisi e questo per buona pace di Keynes e dei suoi più fidati sostenitori. Proprio di recente, le istituzioni europee, con particolare riferimento alla BCE, hanno adottato un'iniziativa per immettere liquidità nel sistema economico e ridare, secondo la loro idea, slancio al credito e, conseguentemente, alla propensione ad investire di chi produce. La Banca europea è infatti intervenuta approvando un intervento con il quale le banche dei Paesi europei si impegnano ad acquistare titoli pubblici sul mercato. Ciò dovrebbe determinare una riduzione del costo dell'investimento e, quindi, una maggiore propensione dei soggetti economici ad investire. Io credo che tale politica risponda proprio ad una logica cara a chi sostiene la legge di Say per cui si pensa che, in questo modo, si favorisce l'aumento dell'occupazione e, quindi, dei consumi. Aumentando l'occupazione e i consumi dovrebbero aumentare per lo Stato le proprie entrate pubbliche. Ecco perché il centro studi di Confindustria prevede che questo intervento comporterà un aumento del Pil italiano sia nel 2015 che nel 2016[24]; ancora una previsione positiva ma sbagliata? Sarà confermata questa volta dai dati reali oppure verrà disattesa come le altre previsioni che si sono succedute in questi anni? Vedremo. Io credo, come più volte sostenuto,

---

[24] IlSole24Ore.it 24 gennaio 2015

che il problema non è operare sul credito o non solo su questo, favorendo la propensione ad investire, oppure intervenire sul costo del lavoro o sui costi di produzione più in generale come viene proposto ormai da anni, ma bisognerebbe, piuttosto, operare sui consumi cercando di incentivarli in modo serio. Le politiche di questi ultimi anni si sono incentrate principalmente sull'offerta mentre sarebbe opportuno operare maggiormente dal lato della domanda che soprattutto in questi anni ha fatto registrare pessime performance.

Come insegna Keynes, più volte richiamato in queste pagine e nei miei lavori precedenti, la propensione ad investire dipende sostanzialmente dalla prospettiva che hanno i produttori di realizzare profitti futuri e questa prospettiva, chiaramente, non può essere certo positiva se i consumi, siano essi privati siano essi pubblici, tendono a contrarsi anche qualora venissero poste in essere misure per ridurre il costo dell'investimento o i costi di produzione. L'economista inglese non esclude assolutamente un intervento sul costo del denaro ma ritiene necessario coniugarlo con misure dirette ad incentivare la domanda di beni e servizi. Ciò che spinge l'imprenditore ad investire non è solo il costo dell'investimento ma è, secondo Keynes, questo associato alla prospettiva di realizzare, con quell'investimento, profitti tali da poter ripagare il costo dell'investimento ed ottenere profitti.

Né tanto meno può avere alcun effetto positivo la riduzione dei costi di produzione come ad esempio quello del lavoro, tanto pubblicizzata dai diversi Governi che si sono succeduti in questi anni alla guida del nostro Paese, sia di destra sia di sinistra, per ridare competitività alle nostre imprese. Ridurre il costo del lavoro o i costi di produzione, in assenza di positive prospettive di poter realizzare profitti futuri, non incentiva chi produce ad investire.

L'economista italiano Zingales[25], ci ricorda infatti che l'andamento del costo del lavoro, per un'impresa, è dato da tre elementi principali: il salario per ora lavorata, il rapporto tra costo del lavoro e salario e la produttività. Il costo del lavoro è direttamente proporzionale rispetto ai primi due elementi sopra citati mentre è inversamente proporzionale alla produttività. Ciò significa che, all'aumentare di questa ultima, il costo del lavoro scende e viceversa.

Dai dati disponibili[26], risulta che la produttività nel nostro Paese è aumentata in media solo dello

---

[25] Zingales L., *Europa o no*, Ed. Saggi Ruzzoli, 2014
[26] Fonte: Ocse

0,13% nel periodo 2011 – 2013, mentre il costo del lavoro, misurato in rapporto alla produzione, è aumentato mediamente solamente dello 0,83%. Il problema, per come la vedo, non è quindi l'alto costo del lavoro ma la bassa produttività del nostro sistema produttivo.

Da quanto sin qui rappresentato, io credo che ci si debba porre una domanda fondamentale ovvero come sia possibile, per un imprenditore, pensare alla possibilità di realizzare dei profitti futuri positivi o crescenti, con un tasso di disoccupazione al 12% e con consumi in calo? Appare del tutto evidente che un imprenditore, con aspettative di profitto scarse, difficilmente sarà invogliato ad investire solo sulla base di denaro che può reperire sul mercato a costi più bassi, che è ciò che accade quando i tassi di interesse calano, o con costi di produzione più bassi che accade quando, ad esempio, il costo del lavoro scende.

Capitolo 4. La bilancia dei pagamenti.

In un sistema economico aperto ed interdipendente come il nostro, un altro importante indicatore macro-economico è quello della bilancia dei pagamenti che possiamo scomporre in due sezioni principali. Una di queste, è quella di parte corrente mentre l'altra è quella finanziaria. La prima attiene ai movimenti di moneta che avvengono tra Paesi diversi per effetto del trasferimento di merci, di redditi e di altri trasferimenti. La sezione finanziaria invece riguarda gli investimenti (quelli diretti all'estero, quelli di portafoglio e altri investimenti), oltre gli strumenti finanziari derivati e le riserve ufficiali.

La bilancia dei pagamenti è una identità contabile che utilizza il sistema della partita doppia che riguarda in questo caso i due conti, quello corrente e quello finanziario.

Ogni operazione viene registrata rilevando in un conto i debiti o i crediti relativi e, nell'altro, le attività o le passività corrispondenti. Ad ogni debito che viene rilevato in uno dei due conti, corrisponde la registrazione di un'attività nell'altro. Questo fatto determina che la bilancia dei pagamenti dovrebbe essere, alla fine, sempre in pareggio.

Quando in un determinato Paese le importazioni aumentano, allora aumenta anche la domanda della valuta del Paese che sta esportando in quel momento. Nello stesso tempo, il Paese che sta importando tende ad indebitarsi verso l'esterno. Nella parte finanziaria della bilancia dei pagamenti del Paese che importa aumentano gli investimenti diretti verso il Paese che esporta in quanto le attività che sono presenti in quest'ultimo risultano più economiche. Nel conto finanziario della bilancia dei pagamenti verrà quindi registrata un'attività, a fronte dei maggiori debiti che verranno invece registrati nel conto di parte corrente.

Ciò vuol dire, quindi, che mentre la parte corrente della bilancia dei pagamenti è in attivo per il Paese che sta esportando e in passivo per quello che invece sta importando, ovvero il Paese che sta esportando vanta dei crediti nei confronti del Paese che importa, quella finanziaria si comporta in modo inverso e cioè risulta in passivo per chi esporta ed in attivo per chi importa. In questa particolare situazione, visto che la domanda della moneta del Paese che esporta, da parte del Paese importatore, aumenta, ad un certo punto, soprattutto in un sistema di cambi flessibili, vi sarà un apprezzamento della moneta del Paese esportatore che, ad un certo punto, si riflette sulle esportazioni di beni e servizi che iniziano a diminuire poiché sono diventati più cari e quindi la bilancia di parte corrente tende a riportarsi in equilibrio.

Gli investitori esteri, da parte loro, proprio per effetto dell'apprezzamento della moneta del Paese in cui detengono le proprie attività finanziarie, tenderanno a ridurre i propri investimenti nel Paese perché le attività nelle quali stanno investendo sono diventate nel frattempo più care. Tutto ciò porta ad una nuova situazione nella bilancia dei pagamenti per cui il Paese che inizialmente importava beni e servizi avrà questa volta una situazione in passivo nella sezione finanziaria e in attivo in quella corrente, mentre il Paese che inizialmente abbiamo ipotizzato esportasse beni e servizi avrà una situazione diametralmente opposta.

Ora, come abbiamo detto, ciò funziona bene in un sistema di cambi flessibili che, come è del tutto evidente, non coincide con il sistema che è attualmente in vigore nell'area euro nella quale, invece, abbiamo un sistema di cambi fissi tra i Paesi che aderiscono all'area stessa. Pertanto, poiché in questo sistema non operano le normali leggi della domanda e dell'offerta, che sono poi quelle che governano il sistema dei cambi flessibili e che dovrebbero essere tanto care agli economisti cosiddetti liberisti, l'intervento riequilibratore sul mercato deve avvenire ad opera delle banche nazionali che devono intervenire sulle proprie riserve o, in alternativa, sul tasso di interesse riducendolo. Tornando all'esempio iniziale, la banca nazionale del Paese che esporta, per compensare l'aumento della domanda della propria moneta, non fa altro che acquistare sul mercato valutario moneta estera cedendo quella nazionale.

Ora, andando ad analizzare i dati a disposizione[27], possiamo

---

[27] Fonte: Ocse

verificare che nel periodo 2011 – 2013 la situazione della nostra bilancia dei pagamenti di parte corrente è migliorata passando da una situazione deficitaria (maggiori debiti contratti) ad una situazione in attivo. Ciò, secondo quanto abbiamo affermato in precedenza, comporta una situazione passiva in termini patrimoniali verso l'estero.

In particolare, il contributo maggiore alla positività dei saldi nell'interscambio del nostro Paese viene sostanzialmente dall'America e dai Paesi europei mentre la situazione è deficitaria nei confronti dell'Africa e dell'Asia. La cosa particolare che balza subito agli occhi è la posizione del nostro Paese nei confronti dei Paesi europei dell'Unione monetaria. Dai dati disponibili risulta infatti che la situazione dell'interscambio italiano con l'UEM è negativa nel triennio considerato.

Inoltre, possiamo constatare che nell'ambito dei Paesi aderenti all'euro l'Italia presenta una posizione deficitaria nei confronti della Germania.

Dall'analisi dei dati disponibili, risulta inoltre che la bilancia dei pagamenti del nostro Paese, proprio all'indomani dell'adesione all'Area euro, comincia a far registrare situazioni deficitarie mentre tra il 1993 ed il 1999 la parte corrente della citata bilancia ha fatto registrare sempre una situazione in attivo.

Capitolo 5. Povertà

In questo capitolo, cercherò di esaminare un altro importante indicatore che, forse, è il più interessante e controverso di tutti quelli che sono stati analizzati fino a questo momento perché non assume solamente una valenza economica ma anche e soprattutto una rilevanza sociale.

In un Paese che viene considerato uno dei più industrializzati parlare di povertà sembrerebbe alquanto strano e quindi si tende a non considerare questo aspetto controverso. Purtroppo, però, non è così e anche noi, come popolo, dobbiamo fare i conti con la povertà.

Tra il 2011 ed il 2013, la percentuale della popolazione a rischio di povertà è diminuita di 0,2 punti che, in valore assoluto, vuol dire che circa 11 milioni e 600 mila persone circa, nel nostro Paese, si trovano in tali condizioni[28]. Nel 2014, tale percentuale è tornata ad aumentare e la popolazione a rischio di povertà ha raggiunto quasi i 12 milioni di unità. Nel triennio precedente, però, la percentuale della popolazione che si trovava in queste condizioni era inferiore e corrispondente a circa 11 milioni di persone. Secondo i dati Eurostat, prima che l'Italia aderisse all'Area euro, le persone a rischio di povertà non erano sicuramente meno, ma questa non è una consolazione per farci scegliere di rimanere nell'Euro visto che la permanenza nell'Area non ha consentito di migliorare le condizioni dei nostri cittadini.

Prendendo a riferimento i dati forniti, al riguardo, dall'Istat è possibile constatare come gli individui in condizioni di povertà assoluta siano aumentati di circa 2.605 unità, mentre quelli che

---

[28] Fonte: Eurostat

versano in condizioni di povertà relativa sono aumentati di circa 1.875 unità. In termini assoluti, questo vuol dire che circa 6 milioni di persone in Italia si trovano in condizioni di povertà assoluta e 10 milioni circa in condizioni di povertà relativa. Prima che il nostro Paese entrasse a far parte dell'Area euro, gli individui che si trovavano in condizioni di povertà relativa erano circa 2.000 unità in meno rispetto al numero attuale. L'incidenza di povertà relativa individuale è aumentata nel corso di questi ultimi 16 anni di 3.6 punti percentuali. Se consideriamo invece l'incidenza della povertà assoluta individuale, questa è aumentata nel triennio 2011 – 2013 di 4,2 punti percentuali, mentre rispetto al 2005, ad esempio, di 5,8 punti[29].

Se prendiamo in considerazione il terzo Rapporto sull'impatto della crisi economica in

---
[29] Fonte: Istat.

Europa, edito dalla Caritas, si legge testualmente: *"si evidenzia un'Europa due velocità: alla fine del 2013 il 24,5% della popolazione europea (122,6 milioni di persone, un quarto del totale) era a rischio di povertà o esclusione sociale (1,8 milioni in meno rispetto al 2012). Nei sette paesi caso studio lo stesso fenomeno coinvolge il 31% della popolazione residente, (+6,5 punti percentuali rispetto alla media UE28). L'Italia si posiziona su valori intermedi (28,4%)."*[30]

Questo triste scenario trova conferma nell'andamento crescente della spesa sostenuta dallo Stato per finanziare il settore della protezione sociale che, nel nostro Paese, a differenza delle altre tipologie di spesa pubblica che hanno registrato una flessione nella dinamica relativa, è aumentata anche se non sensibilmente come invece è accaduto

---

[30] Caritas, Terzo rapporto sull'impatto della crisi economica in Europa

all'aumento della povertà stessa. La spesa pubblica sociale è aumentata, infatti, nel periodo 2011-2013, di circa 14 milioni di euro ovvero, in termini percentuali, del 4%. Nel triennio precedente, 2008 – 2010, la spesa in argomento è aumentata del 7% circa, passando dai 295 milioni del 2008 ai 318 milioni del 2010. Procedendo a ritroso, ovvero nel triennio 2005-2007, la spesa in argomento è aumentata del 9%, così come è successo tra il 1995 ed il 1997.[31]

La questione assume, inoltre, nuovi contorni se consideriamo i dati relativi alla spesa sanitaria che viene sostenuta dallo Stato italiano. Possiamo, a questo punto, verificare che in Italia tale spesa è scesa, dal 2011 al 2013, di circa 1 milione e settecento mila euro, mentre nel triennio precedente è aumentata di circa 4 milioni di euro; trend espansivo, quest'ultimo, che è

---

[31] Fonte: Ocse

possibile riscontrare anche negli anni precedenti. Ora, è assolutamente vero che un aumento della spesa pubblica in un determinato settore non necessariamente si riflette in maggiori servizi pubblici o in servizi più efficienti per la collettività, soprattutto in un Paese come il nostro in cui sprechi e malaffare sono elementi quasi endemici alla nostra cultura nazionale, ma è pur vero che la soluzione dei nostri problemi economici non può passare per il taglio indiscriminato della spesa pubblica solo perchè negli anni passati ha dimostrato tutta la sua inefficienza, come se questa soluzione potesse eliminare gli aspetti negativi che sono tipici del nostro Paese e che hanno a che fare con il modo con cui questa spesa viene gestita più che con la spesa in se stessa. In merito, la Caritas, nel suo terzo rapporto sull'impatto della crisi economica in Europa afferma che *"Aumenta il numero di cittadini europei che rinunciano a cure mediche essenziali, a causa della necessità di partecipare economicamente alla spesa (22,8% in media nei sette paesi caso-studio). Tale fenomeno si riflette nella domanda sociale che giunge alle Caritas: nel corso del 2013, in Italia, il 10,5% degli utenti dei Centri di Ascolto ha richiesto una prestazione assistenziale di tipo sanitario, altrimenti erogabile dal servizio pubblico (+6 punti percentuali rispetto all'anno precedente)."*

Il dato relativo alla spesa sanitaria assume poi una particolare rilevanza se lo mettiamo in relazione allo stato di salute della popolazione che, nel triennio 2011 – 2013, proprio a fronte di una riduzione di tale spesa, è peggiorato di 0,7 punti percentuali.

Secondo i dati disponibili, tale dato ha fatto registrare, nel 2014, un ulteriore peggioramento di 0,4 punti percentuali mentre negli anni precedenti le condizioni sanitarie della popolazione italiana risultavano migliori. Ora, pur ammettendo che il peggioramento dello stato di salute della popolazione non sia dovuto alla riduzione della spesa pubblica nel settore sanitario, appare discutibile una politica di contenimento nei confronti di tale spesa riducendola proprio quando le condizioni economiche e di salute della popolazione italiana tendono a peggiorare. Logicamente, una riduzione della spesa pubblica, che si concretizza necessariamente in una contrazione dei servizi pubblici, non può che danneggiare le persone più povere che, come abbiamo visto prima, tendono ad aumentare in una situazione economica di crisi. Secondo quanto ci dice l'Istat[32], l'assistenza sanitaria pubblica ha fatto registrare un andamento decrescente nel triennio 2009 – 2011, soprattutto in alcuni ambiti specifici. Un primo dato evidenzia come il numero di medici di base, nel nostro Paese, sia

---

[32] Istat, Annuario Statistico Italiano 2014.

leggermente aumentato nel 2011 mantenendosi comunque sempre al di sotto del numero fatto registrare negli anni precedenti. In diminuzione è invece il servizio di guardia medica. Se poi analizziamo l'andamento dei posti letto negli istituti di cura, con particolare riguardo a quelli pubblici, allora è possibile notare come anche questo dato sia decrescente nel corso degli anni, passando dai 1186 del 2008 ai 1120 del 2011. L'Istat chiarisce che, nello stesso periodo, si è registrato un potenziamento delle strutture per l'assistenza residenziale e semiresidenziale che è finalizzata a favorire proprio il processo di deospedalizzazione e che è rivolta alle persone non autosufficienti o con gravi problemi di salute.

Un indicatore molto importante, che solitamente viene utilizzato per misurare la condizione economica di una determinata popolazione e soprattutto la disparità esistente nella distribuzione della ricchezza tra la popolazione di un determinato Paese, è il coefficiente di Gini che misura, in particolare, questa distribuzione utilizzando una scala che va da 0 ad 1 o, che poi è la stessa cosa, da 0 a 100. Brevissimamente, più ci si avvicina allo 0 e più la distribuzione del reddito tra la popolazione diventa equa, più invece ci si avvicina ad 1 o a 100, più aumenta la disparità nella distribuzione del reddito. Ora, secondo i dati disponibili, tale coefficiente è aumentato in Italia, nel triennio 2011 – 2013, di 0,6 punti passando dai 31,9 del 2011 ai 32,5 nel 2013[33]. Ciò significa che nel triennio preso in esame la disuguaglianza nella distribuzione della ricchezza tra la popolazione italiana è aumentata. Dati forniti dalla Banca d'Italia, dimostrano che nel 2012 il 10% delle famiglie più povere percepivano il 2,4% del reddito mentre il 10% più

---

[33] Fonte: Eurostat

ricco deteneva una quota di reddito pari al 26,3%. Nel 2010, la situazione è quasi analoga; mentre la quota di reddito detenuta dal 10% delle famiglie più povere è sempre del 2,4%, minore è la quota di reddito detenuta dal 10% delle famiglie più ricche. Se consideriamo la ricchezza netta, allora si evince dall'indagine della Banca d'Italia che nel 2012 il 10% delle famiglie più ricche possiede il 46,6% dell'intera ricchezza netta delle famiglie italiane, mentre nel 2010 la percentuale di ricchezza detenuta era del 45,7. Inoltre, da tale indagine scaturisce che la quota di ricchezza posseduta dal 50 per cento delle famiglie meno abbienti risulta sostanzialmente stabile fino al 2008 e in diminuzione di quasi due punti successivamente mentre la quota di famiglie con ricchezza negativa aumenta tra il 2010 e il 2012 di 1,3 punti percentuali, raggiungendo il 4,1 per cento. La ricchezza netta delle famiglie italiane è scesa nel triennio

2011 – 2013 di circa 80 milioni di euro, mentre nel triennio precedente la ricchezza è aumentata su per giù del medesimo ammontare. Lo stesso andamento si ha, se consideriamo la ricchezza pro-capite.

In particolare, analizzando la composizione di tale ricchezza, è possibile notare come nel triennio considerato la riduzione nella ricchezza reale (abitazioni, macchinari, terreni, ecc.) non è stata compensata da un aumento di quella finanziaria (nella quale vi è compresa la moneta ed i biglietti), anche se quest'ultima ha registrato un incremento.

Tornando al coefficiente di Gini, nel 2004, addirittura il coefficiente in esame supera il livello fatto registrare nel 1995, anno critico del nostro Paese fuori dall'euro e nel 2014 il coefficiente di Gini aumenta ancora avvicinandosi al valore del 1995. Tutto ciò dimostra, ancora una volta, che tutti questi vantaggi dall'adesione all'euro in fin dei conti non ci sono stati.

In Grecia, nel periodo 2011 – 2013, il coefficiente di Gini è aumentato di 0,9 punti, mentre in Austria, il coefficiente è addirittura sceso di 0,4 punti percentuali così come in Finlandia. Se poi consideriamo l'Inghilterra, Paese europeo che non aderisce all'area euro, il coefficiente di Gini è diminuito di ben 2,8 punti, mentre in Norvegia, anch'essa fuori dall'Euro è sceso di 0,2 punti.

Se ora consideriamo i sette anni che hanno preceduto i due governi italiani che non sono stati eletti democraticamente, il coefficiente di Gini si è mantenuto in media intorno ai 32 punti che, sebbene sia un valore alto, è comunque inferiore a quello registrato nel 2013. Se poi consideriamo un periodo di riferimento maggiore, magari analizzando quello che ha preceduto l'adesione dell'Italia alla zona euro, è possibile constatare come il coefficiente sia diminuito di ben 4 punti fino a raggiungere i 29 punti nel 2001, anno da cui il coefficiente in esame ha iniziato a crescere con alterne vicende, attestandosi tra i 33 e i 32 punti.

Qualcuno potrebbe dire, a questo punto, che tutto ciò non significa niente, che quelli di cui abbiamo parlato sono effetti necessari e sicuramente si dimostreranno temporanei e passeranno presto, proprio grazie ai governi tecnici o pseudo tali che ci porteranno certamente fuori dalla attuale crisi economica, adottando ed imponendo ricette draconiane ma indispensabili.

È chiaro che prima o poi anche questa crisi finirà, come d'altra parte tutte quelle che l'hanno preceduta. Il problema è capire prima di tutto quanto ci vorrà e quanti morti e feriti questa crisi ha lasciato e lascerà nel frattempo sul campo. In sostanza, è come una battaglia vera e propria che prima o poi, come tutte le battaglie, finirà; il problema è poi fare la conta dei morti, dei feriti, delle macerie e soprattutto capire quanto tempo ci vorrà per tornare ai vecchi splendori di un tempo (si fa per dire).

In questo contesto la preoccupazione di chi ci governa si concentra sui bilanci, sul debito pubblico, sullo *spread*, sul costo del denaro, su tecnicismi ragionieristici insomma che non considerano, se non solo marginalmente, aspetti che interessano più da vicino la singola persona. Lo *spread, ad esempio,* monopolizza oggi l'attenzione di tutti noi, sviandola da altre questioni che dovrebbero invece interessare di più, come la povertà, la disoccupazione ecc. Si è sempre più attenti alle questioni finanziarie e ci si dimentica di quelle sociali che, poi, a ben vedere, hanno una ripercussione necessariamente economica. Più persone povere comportano, banalizzando, meno entrate per lo

Stato, possono determinare maggiore conflittualità sociale che, tendenzialmente, spaventa gli investitori stranieri e la fuga di capitali dal Paese.

Il 18 maggio 2013, durante la veglia di pentecoste, Papa Francesco disse:

"*Se gli investimenti nelle banche calano un po', è una tragedia! Invece, se muoiono di fame le persone, se non hanno da mangiare, se non hanno salute, non importa! Questa è la nostra crisi di oggi....*"[34]

Cambiando un po' le parole del Pontefice, potremmo dire: "*Se per riportare i conti in ordine alcuni muoiono di fame, se non hanno salute, se perdono il posto di lavoro o non trovano lavoro, non importa! Questa è la soluzione alla crisi!*"

Oggi, ascoltando i politici sentiamo affermazioni del tipo: "*basta con l'austerity*", "bisogna tornare a

---

[34] Papa Francesco, Il Vangelo del Sorriso, Ed. Piemme*ora* Milano 2013.

crescere!". Sembra di trovarci in quella particolare situazione in cui l'austerity è stata qualcosa di necessario che però, tutti si stanno accorgendo solo ora, ha comportato altissimi costi anche se necessari. In sostanza, ai costi della crisi, già peraltro significativi, abbiamo aggiunto i costi ed i sacrifici della cura necessaria, ovvero l'austerity, ed ora che abbiamo fatto la cura, dobbiamo tornare a crescere. Ma per fare questo, dobbiamo chiederci se la cura ha funzionato, se effettivamente la malattia è stata debellata, se il sistema è nelle condizioni tali per poter tornare a crescere. Io credo che il problema fondamentale sia proprio nella cura che è stata scelta per uscire dalla crisi e nei suoi effetti sul paziente. Oggi, infatti, non dobbiamo soltanto tornare a crescere ma dobbiamo, prima di tutto, ripagare i costi della crisi prima e poi della cura che è stata data e, solo all'ultimo, sarà possibile tornare a crescere, adottando politiche però che favoriscano i consumi e gli investimenti.

Le politiche di austerity imposte oggi dalle Istituzioni europee ricordano un po' quelle che furono imposte nei primi anni del XXI secolo dal FMI a quei Paesi che avevano contratto debiti con il Fondo. Anche in quel caso, venivano richieste riforme volte alla deregolamentazione, alla privatizzazione, al rispetto dei vincoli di bilancio e alla riduzione della spesa pubblica, come condizione per poter accedere al credito offerto dal Fondo. La cosa particolare è che ormai la gran parte delle persone sono concordi nel ritenere fallimentari le strategie adottate dal FMI. Peccato che questo non sia ben compreso dalle Istituzioni europee che continuano a sostenere politiche analoghe, almeno secondo il mio modesto parere, a quelle messe in atto dal FMI.

Vorrei chiudere questo capitolo sulla povertà richiamando un interessante articolo della Professoressa Renata Targetti Lenti, apparso su Lavoce.info, dal titolo "*poche opportunità di crescita nella disuguaglianza*".

L'autrice, nell'articolo, dichiara che "*...una elevata diseguaglianza nella distribuzione dei redditi si traduce in una diseguaglianza di opportunità e in una significativa difficoltà ad accedere a elevati livelli d'istruzione per una parte consistente della popolazione. È difficile allora che si verifichino effetti positivi dalla diseguaglianza* al *merito.*

In un'economia capitalistica avanzata, i divari nei livelli di istruzione e di competenze professionali tra i diversi gruppi di popolazione non sono solo il risultato dell'operare del libero mercato, ma anche della distribuzione delle "capacità" individuali, e per questo devono essere accettate. È, tuttavia, molto difficile che individui "meritevoli" possano raggiungere posizioni, reddituali e non, corrispondenti alle loro effettive capacità, se non viene assicurata loro un'adeguata eguaglianza di opportunità."

Capitolo 6. Sistema produttivo italiano.

Nei capitoli precedenti abbiamo già analizzato diversi fattori economici e sociali, quali ad esempio i consumi, il tasso di disoccupazione, la bilancia dei pagamenti, il coefficiente di Gini, ecc. Abbiamo accennato anche al contesto produttivo del nostro Paese che, però, analizzeremo più nel dettaglio in questo capitolo.

Io credo che in questi ultimi trent'anni, e cioè a partire dagli anni Ottanta del secolo scorso, c'è stato un processo, che ancora oggi è in vigore, finalizzato a promuovere le idee e i principi del libero mercato attraverso una politica che ha avuto come obiettivo principale il ridimensionamento del ruolo del settore pubblico in una logica di privatizzazione e deregolamentazione. Questa avversione verso il ruolo dello Stato arriva fino ai giorni nostri nei quali lo

Stato è colpevole, secondo i sostenitori del libero mercato, dell'attuale crisi economico-finanziaria contro ogni evidenza empirica e che è il principale ostacolo allo sviluppo economico di un determinato Paese.

In questa logica, che mette in risalto i pregi di un sistema di mercato libero da limiti e vincoli, la conseguenza obbligata è stata, e lo è tutt'ora: meno Stato, riduzione della spesa pubblica e delle tasse. Minori tasse, infatti, avrebbero, come effetto principale, per i sostenitori delle idee liberiste in campo economico, quello di incentivare gli investimenti privati e, attraverso questi ultimi, di aumentare la ricchezza per tutti, secondo il principio tanto caro agli economisti di fede liberista del *trikle down effect*.

A me sembra che la relazione al rendiconto generale dello Stato di cui abbiamo parlato in precedenza sia ispirata proprio a questa logica di natura liberista. Nella relazione i magistrati contabili si soffermano sulla pressione fiscale presente nel nostro Paese che viene ritenuta troppo elevata per il nostro sistema economico e per la sua competitività in particolare.

Tutto ciò ha portato a perseguire con forza e determinazione gli obiettivi propri del liberismo economico che, a partire dagli anni Ottanta del secolo scorso, si sono concentrati su due direttive principali: la deregolamentazione da un lato e la privatizzazione dall'altro. Secondo alcuni, me compreso, sarebbero invece proprio queste politiche liberiste ad aver innescato la grave crisi che stiamo attualmente vivendo; è stata la mancanza di una adeguata regolamentazione a causare la crescita della bolla speculativa in America e successivamente il suo scoppio con le gravi conseguenze economico-finanziarie che si sono diffuse in tutto il mondo. Pertanto, l'equazione sopra riportata, secondo me, dovrebbe essere riproposta nel modo seguente: meno Stato, meno spesa pubblica, meno tasse; meno tasse, meno spesa pubblica, meno servizi pubblici, più iniquità sociale per la maggior parte della popolazione. D'altra parte, sono pienamente d'accordo con Keynes quando, secoli fa, rappresentò espressamente il proprio scetticismo nei confronti del laissez faire dichiarando che non è vero che perseguendo l'interesse privato si fa l'interesse della collettività e, soprattutto, sostenendo che l'esperienza dimostra come non sia vero che l'individuo quando agisce da solo è più lucido di quando agisce come un'unità sociale. D'altra parte, l'interesse privato può, molto spesso, non coincidere con quello pubblico ed operare anche in contrasto con questo ultimo soprattutto se non adeguatamente contenuto da una efficace regolamentazione.

Tra le tesi che vengono sostenute dai sostenitori del libero mercato, vi è quella secondo la quale è l'offerta a creare la domanda. Ciò vuol dire che è necessario spingere gli imprenditori a produrre di più, ad essere più competitivi, ad aumentare l'offerta di beni e servizi sul mercato. Questa tesi è conosciuta come la legge di Say, che prende il nome da quello dell'economista che l'ha pensata, ed i suoi sostenitori come offertisti. Secondo questa teoria, se io aumento la produzione immetto nel sistema economico del denaro attraverso un aumento della remunerazione dei fattori produttivi che intervengono nel processo produttivo e che hanno contribuito ad aumentare la produzione di beni e servizi. Questa maggiore quantità di denaro, a sua volta, verrà utilizzata da chi la riceve per aumentare la domanda di beni e servizi e questo, di conseguenza, spingerà nuovamente l'offerta verso l'alto. Ora, la politica che aiuterebbe ad innescare questo processo virtuoso, secondo i sostenitori del libero mercato, consisterebbe in una riduzione dei costi che le imprese devono sostenere tra i quali quelli fiscali e del lavoro. Pertanto, una prima azione è quella di ridurre le imposte ma questo può essere fatto solo riducendo la spesa pubblica e quindi il ruolo dello Stato. In questa direzione, d'altra parte, va l'obbligo che hanno gli Stati di assicurare il pareggio di bilancio, nonché i parametri di Maastricht di mantenere entro certi limiti i deficit e i debiti pubblici.

In questi ultimi anni, i diversi governi che hanno guidato il nostro Paese, e purtroppo non fa eccezione l'attuale governo Renzi e i governi di sinistra che lo hanno preceduto, hanno proposto ed attuato politiche che io ritengo pienamente in linea con le tesi dei cd. offertisti. Il timone della politica economica di questi ultimi anni, infatti, è sempre stato rivolto verso la riduzione delle imposte considerate eccessivamente alte e del costo del lavoro considerato non competitivo se confrontato con quello di altri Paesi. Tutto ciò per favorire la propensione di chi produce all'investimento, con l'assoluta convinzione che questa politica avrebbe consentito di aumentare l'offerta sul mercato di beni e servizi. I sostenitori di questa tesi ritengono che attraverso un aumento della produzione si realizzano le condizioni per un aumento della produzione nazionale e dell'occupazione.

Ora, la riduzione delle spese, necessaria per consentire una riduzione delle imposte, avrebbe anche un senso se fosse diretta a colpire le spese cosiddette improduttive o gli eventuali sprechi nella loro gestione, ma il rischio in realtà è che tale contenimento si possa ripercuotere sull'offerta di servizi pubblici tra i quali, ad esempio, quelli sanitari e quelli relativi all'istruzione con gravi ripercussioni non solo economici ma anche e soprattutto sociali. Ora, una riduzione dei servizi pubblici in una situazione economica quale la nostra su quali soggetti si rifletterebbe? Senza dubbio su coloro che più di altri già stanno subendo tale crisi, cioè i meno ricchi.

Come abbiamo visto più sopra, alla tesi dei cd. offertisti si oppone quella sostenuta da Keynes nella seconda metà degli anni Venti del secolo scorso. L'economista inglese sosteneva, in parole povere, che un imprenditore decide di aumentare la produzione, e quindi di investire, quando ha buone prospettive di aumentare nel futuro i propri profitti e questo, in genere, accade quando la domanda di beni e servizi cresce. In periodi di elevata disoccupazione, come quello che sta vivendo il nostro Paese, la prospettiva di profitti futuri tende a diminuire perché i consumi tendono a ridursi e ciò spinge i produttori a non aumentare i propri investimenti e quindi l'offerta sul mercato. Se gli investimenti e l'offerta non aumenta, l'occupazione si contrae e meno occupazione determina una nuova contrazione dei consumi innescando una spirale negativa. In questi periodi di crisi, i produttori non fanno altro che smaltire le scorte che sono hanno accumulato nei periodi di forte crescita economica.

Quando affrontiamo il problema della disoccupazione o quello dei consumi, così come degli investimenti, non possiamo non prendere in considerazione uno degli operatori economici che agisce all'interno di un qualsiasi sistema economico, ovvero l'impresa. Dobbiamo quindi esaminare, arrivati a questo punto, il contesto produttivo del nostro Paese in questi ultimi anni.

Un primo dato che bisogna prendere in esame, è quello relativo al numero di imprese esistenti nel nostro Paese. I dati forniti dall'Eurostat ci dicono che nel triennio 2010 – 2012 il numero di imprese in Italia è sceso di 42 mila unità. L'Istat mostra un quadro interessante che evidenzia come, a partire dal 2008 il tasso di natalità delle imprese italiane è sceso notevolmente.

Altro dato interessante è rappresentato dall'indice delle vendite che nel triennio 2011-2013 è calato, nel settore industriale, di 5,7 punti passando da quota 98,2 a quota 92,5. La produzione industriale ha registrato lo stesso andamento decrescente con un calo di circa 9 punti, così come l'indice del fatturato industriale che è sceso del 12% circa, mentre quello delle imprese estere è addirittura aumentato[35]. Lo stesso andamento decrescente si può notare, se consideriamo l'indice degli ordinativi industriali che, nel periodo

---

[35] Istat, Annuario Statistico Italiano 2014

2011 – 2013, è sceso dai 100,9 punti agli 85,7, un calo di circa 15 punti.

Ora, dopo aver visto la situazione dal lato dell'offerta, vediamo cosa è successo dal lato della domanda. Tra il 2011 ed il 2013, mediamente, la spesa per consumi delle famiglie residenti sul territorio italiano è scesa del 1,4% mentre la domanda nazionale complessiva del 2,6%[36]. Se poi consideriamo gli investimenti lordi, questi sono diminuiti in media dello 0,9% circa. Nel settore delle costruzioni l'indice della produzione è passato dai 100 punti ai 73,4 punti con un calo medio dell'8% circa.

Queste particolari performance, non certo positive, vengono spesso addebitate o alle tasse elevate o al costo del lavoro eccessivo, soprattutto oggi che le nostre imprese sono costrette a confrontarsi all'interno di un sistema globalizzato con aziende estere molto più competitive

---

[36] Istat, Annuario Statistico Italiano 2014

soprattutto dal punto di vista del costo del lavoro e dei sistemi fiscali. Per questa ragione, le nostre imprese tendono a delocalizzare la propria produzione verso quei Paesi che hanno imposte e un costo del lavoro più bassi.

Quale è la conseguenza di questo discorso? Per ridare competitività alle nostre imprese è necessario ridurre i costi della produzione, abbassare le imposte a carico delle imprese ed il costo del lavoro. Ciò ha portato a due risultati principali. Un primo risultato, riducendo le tasse, è quello di ridurre le entrate per lo Stato e, quindi, la necessità obbligata di ridurre le spese pubbliche soprattutto in presenza del vincolo del pareggio di bilancio. Una riduzione della spesa pubblica, soprattutto in un Paese con un alto debito pubblico che non può contrarre le spese per ripagare gli interessi sul debito, comporta quasi sicuramente una contrazione dei servizi pubblici.

L'altra conseguenza è che ad un certo punto le imprese si sono trovate con grosse quantità di beni e servizi prodotti a fronte di una capacità di reddito notevolmente ridotta proprio per effetto della concorrenza al ribasso del costo del lavoro. Ciò, come è ormai riconosciuto dalla gran parte degli economisti, ha portato ad una crescita dell'indebitamento privato proprio rivolto ad incentivare i consumi e ad aumentare i profitti dei produttori. L'aumento di tale indebitamento ha determinato, ad un certo punto, lo scoppio della bolla immobiliare ed il crack economico-finanziario di cui oggi stiamo ancora pagamento le conseguenze.

Un altro aspetto molto importante, che è strettamente connesso alla competizione sui costi, è quello relativo al rapporto capitale/reddito che in questi anni è notevolmente aumentato. Il consumo finanziato con il credito ha consentito al capitale di crescere più del reddito che non ha registrato la medesima dinamica. Se consideriamo, al riguardo, la situazione nel nostro Paese possiamo constatare come nel 2013 la ricchezza netta in rapporto al reddito era pari a 7,9 punti mentre nel 1995 a 5,8. D'altra parte, è possibile constatare come in questi ultimi anni il reddito famigliare sia sceso rispetto agli anni precedenti all'entrata del nostro Paese nell'Euro. Nel 1995 il reddito in questione era pari a 40.000 euro circa a fronte dei 30.000 euro del 2014.

Ora, se consideriamo i dati relativi al costo del lavoro, possiamo notare che lo stesso è aumentato in media dell'1,9% nel periodo 2006 – 2013[37], mentre tra il 1990 ed il 1997 è aumentato in media del 4% circa. Ora, se consideriamo il costo del lavoro in rapporto al costo complessivo per un'impresa, possiamo constatare come questo non sia necessariamente

---

[37] Fonte: Ocse.

alto soprattutto se messo in relazione al medesimo dato registrato in altri Paesi come la Germania ad esempio.

In realtà, il costo del lavoro non può essere esaminato da solo ma dovrebbe essere messo in relazione ad un altro indicatore molto importante per un'impresa e cioè la produttività del lavoro che nel nostro Paese è aumentata nel triennio preso in esame (2011-2013) solamente dello 0,13% mentre in Germania, ad esempio, è aumentata dell'1%. Ora, se consideriamo l'andamento del costo del lavoro nei due Paesi nel triennio, possiamo constatare come lo stesso è aumentato mediamente in Germania di circa il 2% mentre in Italia, come abbiamo detto, dello 0,9%[38]. Ciò, forse, ci consente di affermare che il problema per le nostre imprese non sta nell'alto costo del lavoro ma, io credo fortemente, nel basso livello

---

[38] Fonte: Ocse

della produttività delle nostre imprese.

Se è vero quanto sostenuto dall'economista italiano Zingales, il costo del lavoro dovrebbe diminuire se aumenta la produttività che rappresenta il denominatore nel rapporto tra il costo del lavoro e la produttività.

La soluzione dei nostri governanti sembra essere, negli ultimi anni, quella di agire invece sul numeratore diminuendolo, quando sarebbe più efficace secondo me operare sul denominatore aumentandolo. Ciò però richiederebbe una politica industriale che il nostro Paese, da anni, non cura più privilegiando un'attenzione particolare al settore finanziario che tanti problemi ha creato nel mondo.

Capitolo 7. Conclusioni

Il sistema Italia

Veniamo ora ad un'analisi di sintesi dei dati macroeconomici che abbiamo analizzato più nel dettaglio nei capitoli precedenti, mettendoli in relazione e a confronto con quelli relativi ad altri Paesi europei che risultano sia aderenti all'area euro sia non aderenti a questa e riconoscendo che i dati statistici debbono essere presi per quello che sono con la consapevolezza che gli stessi presentano molti limiti.

Partendo proprio dal Pil, ed in particolare da quello pro capite, secondo dati Eurostat, l'Italia nel periodo di tempo compreso tra l'anno 2005 ed il 2013 ha fatto registrare una performance non certo lusinghiera. In termini percentuali, il nostro Paese si colloca nelle ultime posizioni rispetto agli altri Paesi europei

Il dato interessante, e nello stesso tempo preoccupante secondo me, è che l'Italia risulta uno dei Paesi europei che nel triennio considerato ha fatto registrare una delle peggiori performance che, peraltro, si avvicina molto a quella della Grecia.

Il quadro diventa ancora più fosco ed inquietante se analizziamo i dati relativi alla variazione del Pil nel periodo 2005-2013. Il nostro Paese, pur presentando una variazione di segno positivo, si colloca pur sempre nelle ultime posizioni di una ipotetica classifica ed, ancora una volta, molto vicino alla Grecia.

La cosa che accomuna i due periodi presi in esame, è che il nostro Paese mostra una performance peggiore di quella dell'Area euro e dell'Unione europea prese nel loro complesso.

Le cose cambiano leggermente se consideriamo anche il lasso di tempo che precede l'ingresso del nostro Paese nell'UEM. L'Italia si posiziona sempre negli ultimi posti della classifica. L'unica cosa singolare, anche in questo caso, è che la performance del nostro Paese è peggiore di quella greca.

Tutto ciò dimostra, secondo me, che l'ingresso del nostro Paese nell'UEM e l'introduzione dell'euro non ha portato benefici sostanziali alla nostra economia e la permanenza nell'Area non ci difende assolutamente da crisi e recessioni di alcun tipo come dimostrano i fatti. Anzi, secondo alcuni autori, sarebbe proprio la moneta unica a condannare il nostro Paese a crisi economiche e finanziarie con ripercussioni anche a livello sociale.

Ma vediamo, ora, se le cose vanno meglio lasciando il Pil e considerando, ad esempio, il tasso di disoccupazione che passa dai 10 punti del 2000 ai 12,1 punti del 2013, per arrivare ai 12,7 nel 2014. Nel 1995, anno particolarmente critico per il nostro Paese dal punto di vista economico-finanziario, il tasso di disoccupazione non ha raggiunto in alcun modo il livello attuale, attestandosi sugli 11,2 punti che rappresentano comunque un tasso molto elevato. In realtà, negli anni precedenti il tasso di disoccupazione si è mantenuto sempre a livelli bassi con percentuali addirittura ad una cifra. La situazione non cambia se consideriamo la disoccupazione della popolazione di età compresa tra i 25 e i 74 anni. Anche in questo caso è possibile constatare come la situazione del Paese sia stata migliore prima dell'ingresso nella moneta unica, così come accade se prendiamo in esame la disoccupazione giovanile di coloro che hanno un'età inferiore ai 25 anni che in questi ultimi anni è addirittura raddoppiata.

A tal riguardo, particolarmente rilevanti sono le parole, riprese da Gabriele Sonnino, dell'economista britannico-cipriota Christopher Pissarides il quale ha sostenuto che *"L'Euro ha creato una generazione perduta di disoccupati senza futuro. Questo non è quello che i "padri fondatori" dell'Euro avevano promesso. È chiaro che è un sistema fallito e insostenibile."*[39]

La situazione non migliora in alcun modo, se prendiamo in esame il contesto produttivo italiano. Con riferimento alla produzione industriale, l'Italia nel 2014 si colloca all'ultimo posto tra i Paesi europei e soprattutto, dato di particolare rilevanza, addirittura dietro la Grecia. Stessa performance la possiamo notare se consideriamo la produttività delle nostre imprese che, nel 2014, registra una flessione rispetto invece ad un incremento di

---

[39] G. Sonnino, Op. cit., pag. 38

quella delle imprese greche. Ma noi non siamo certo la Grecia, direbbe qualcuno particolarmente affezionato a restare nell'euro.

Veniamo ora alla bilancia dei pagamenti. È possibile constatare, facendo riferimento ai dati della Banca d'Italia[40], che la bilancia dei pagamenti del nostro Paese, quella di parte corrente e in conto capitale, ha avuto un andamento positivo fino all'ingresso dell'Italia nell'Euro per poi passare a registrare performance negative. Forse perchè l'euro è una moneta troppo forte per il nostro Paese? Ciò dimostra che il nostro Paese subisce un deflusso di moneta importante che aggrava la già critica situazione di liquidità dovuta alla crisi economico-finanziaria.

Non possiamo infine tralasciare quanto detto sopra relativamente alla ricchezza della popolazione italiana e

---

[40] Banca d'Italia, Supplemento al Bollettino Statistico, Indicatori monetari e finanziari.

al suo andamento decrescente in questi ultimi anni. Possiamo arrivare alla conclusione che i nostri cittadini, a fronte di una situazione di maggiore povertà, ricevono oggi dallo Stato minori servizi in termini di assistenza sanitaria e di protezione sociale ad esempio, per non parlare della spesa sostenuta dallo Stato per finanziare l'educazione dei propri cittadini che, infatti, tra il 2011 ed il 2013, è scesa di circa il 2%. Una politica che colpisce la spesa pubblica, che non sia quella diretta a finanziare sprechi e prebende, cosa che presuppone una efficienza e delle capacità particolari da parte di chi ci governa sulle quali ho personalmente molti dubbi, si ripercuote necessariamente in una riduzione dei servizi pubblici per il cittadino e, soprattutto, per coloro che sono sempre più poveri soprattutto a seguito della attuale crisi economica. Chi ha di più in termini di ricchezza, per restare in ambito scolastico, può mandare i propri figli alle scuole private mentre chi è più povero ha, come unica possibilità, quella di far lavorare i propri figli sia perché non può pagargli la scuola privata sia perché, così facendo, il figlio può contribuire al bilancio famigliare. In modi diversi, due importanti economisti del passato, peraltro sostenitori del libero mercato, come Smith e Mill, hanno riconosciuto l'importanza del ruolo pubblico nel settore dell'istruzione e dell'educazione. Il primo, sebbene riconosca i limiti di una istruzione pubblica, gli riconosce un ruolo importante per l'educazione dei più poveri descrivendo gli effetti negativi (le cosiddette diseconomie esterne, come piace chiamarle agli economisti seri) che si realizzerebbero sulla società da una carente educazione della popolazione più povera. Il secondo, J.S. Mill, giustifica il ruolo pubblico nel settore dell'istruzione facendo riferimento al concetto di interesse personale, tanto caro agli economisti di fede liberista. Lasciando il settore dell'istruzione nelle mani del libero mercato e della sua principale legge della domanda e dell'offerta, l'economista sostiene che il potenziale studente, non cogliendo nel breve termine un interesse personale nel domandare questo tipo di servizio, non sarà spinto a richiederlo. Pertanto, secondo Mill, l'offerta che si determinerebbe da una domanda che deriva da cognizioni sbagliate o imperfette dei propri bisogni sarebbe diversa da quella che invece sarebbe necessaria[41]. Ecco perchè lo Stato può e deve avere un ruolo importante in questo settore, al pari del privato. Peccato che chi ci governa vada nella direzione opposta che consiste nel favorire sempre più l'operatore privato a quello pubblico in una logica perversa secondo la quale tutto ciò che è pubblico è

---

[41] J.S. Mill, Saggio sulla libertà, pag. 106 e ss. Ed. Net, Milano 2009

marcio e tutto ciò che è privato è positivo, dimenticando che la crisi economica attuale deve proprio la sua origine ai comportamenti discutibili tenuti dagli operatori privati e dalla assenza di controlli e vigilanza da parte degli operatori pubblici. In un Paese in cui la relativa popolazione sta diventando sempre più povera, si dovrebbe potenziare il ruolo pubblico nell'istruzione e non ridurlo. Ciò, chiaramente, vale anche per altri settori strategici che non dovrebbero essere lasciati nelle mani del privato.

Ora appare ancora più discutibile che, in un contesto di crisi economica quale è quello attuale, di maggiore povertà e maggiore difficoltà economica per la nostra popolazione, chi ci governa decida di lasciare i propri cittadini più poveri nella condizione di doversi pagare direttamente quei servizi pubblici che in passato lo Stato garantiva, magari in molti casi facendolo male ma comunque li assicurava.

Nella seconda metà degli anni Novanta del XX secolo, si è aperto in Italia un importante dibattito tra studiosi, politici ed addetti ai lavori, sulla crisi economica che stava attraversando il nostro Paese e sulla opportunità di aderire all'UEM. In particolare, l'attenzione era concentrata, in quel periodo, sul tasso di inflazione che era ritenuto eccessivo per le sorti economiche del nostro Paese. Ci hanno convinti che l'ingresso del nostro Paese nell'Area euro fosse importante ed utile per l'Italia. Lo è stato? Non credo. L'inflazione è lo spauracchio che ha guidato la costruzione della moneta unica. Sappiamo da qualsiasi testo universitario che in genere inflazione e disoccupazione agiscono in modi diametralmente opposti. All'aumentare dell'inflazione la disoccupazione scende e viceversa. In genere, qualsiasi policy maker deve scegliere tra una alta inflazione e una bassa disoccupazione da un lato e tra una bassa inflazione e un'alta disoccupazione dall'altro. Oggi, in Italia, sta accadendo proprio questo. Pur di mantenere sotto controllo l'inflazione si è disposti ad accettare un'alta disoccupazione con tutte le conseguenze sia di natura economica sia di natura sociale. Credo sia ormai risaputo che un tasso di inflazione compreso tra l'1 e il 3% non fa male a nessuno, anzi.

Se ora consideriamo il periodo di riferimento, relativo al quadriennio 1995 – 1999, possiamo riscontrare in Italia la seguente situazione:

Pil: +1,8%
Disoccupazione: -0,4
Produttività: +1,02%

Questi dati indicano la variazione percentuale media registrata dai parametri presi in esame, soprattutto per quanto riguarda il Pil e la produttività. Da questa situazione, è possibile constatare, ad esempio, che il tasso di disoccupazione è diminuito di 0,4 punti mentre il Pil e la produttività sono saliti rispettivamente dell'1,8% e dell'1%. Ora, se consideriamo solamente l'andamento del Pil nel corso del periodo 2000 – 2004, possiamo constatare come mediamente questo sia aumentato dell'1,2%, ovvero 0,6 punti in meno rispetto alla performance relativa al periodo 1995-1999. La produttività invece ha fatto registrare un aumento medio dello 0,9%, rispetto all'incremento dell'1% del periodo 1995-1999. Se poi consideriamo la dinamica della disoccupazione, successivamente all'ingresso del nostro Paese nell'Area euro, allora la situazione si fa ancora più drammatica.

Un altro dato sicuramente importante ci dice che nel 2014 il reddito delle famiglie italiane risulta inferiore del 14% rispetto a quello del 1989 e del 41% circa del reddito registrato nel 1995. Se consideriamo il reddito individuale, questo è stato nel 2014 inferiore del 5% rispetto a quello del 1989 e del 24% circa di quello fatto registrare nel 1995. In tutto questo scenario, un fatto positivo c'è comunque. La ricchezza netta pro-capite, dal 1995 ai giorni nostri, si è pressocchè raddoppiata. Qualcuno potrebbe affermare che allora non c'è da essere preoccupati; peccato che in questi ultimi tre anni le famiglie italiane hanno perso, in termini di ricchezza netta pro-capite, 80 milioni di euro che, come calo, non è per niente da sottovalutare soprattutto se considerato in relazione ad altri fattori di cui abbiamo già parlato.

    A questo punto, vorrei chiarire il mio modesto punto di vista in ordine alla convinzione di rimanere all'interno dell'euro. Personalmente non penso che l'adozione dell'euro ha reso il nostro Paese più forte e stabile economicamente rispetto a quando lo stesso era fuori dall'Area euro. Credo, inoltre, che un'unione come quella attuale, che si fonda su un'integrazione monetaria di economie che presentano caratteristiche e peculiarità diverse senza una reale e forte un'unione politica dei relativi Paesi, non può avere un destino felice nè è destinata a sopravvivere. Purtroppo, l'unione monetaria, nata nelle intenzioni dei suoi padri fondatori per portare la pace tra i Paesi europei, ha mostrato e mostra tutt'ora i limiti propri di un'unione tra Paesi che presentano diversità marcate sia in campo economico, sia in quello politico e sociale. Le divergenze in campo economico sono emerse proprio in questi ultimi giorni quando si è trattato di decidere le misure di politica economica per salvare, a detta dei suoi promotori, la Grecia dal default ed evitare la sua uscita dall'euro. Proprio in questi giorni, è apparso su IlSole24Ore un articolo interessante sui destini della Grecia all'interno dell'euro. L'articolo pone in evidenza l'intesa raggiunta, con molta difficoltà, tra i Paesi dell'euro e la Grecia circa la possibilità di riconoscere al Paese ellenico un prestito per evitare il relativo tracollo economico-finanziario e la conseguente uscita dall'euro. Dall'articolo, risultano chiare le condizioni che il Paese ellenico è tenuto a rispettare per poter beneficiare di tale prestito di ammontare peraltro considerevole ed ulteriore ai precedenti prestiti già erogati. Le condizioni che i creditori della Grecia hanno imposto al Paese riguardano, in particolare, l'aumento dell'Iva, misure per garantire la sostenibilità del sistema pensionistico ed il pieno rispetto del *fiscal compact* (ci risiamo). Ora, la domanda che mi pongo è come possa pensare la Grecia, quasi al tracollo economico-finanziario e con un debito pubblico già rilevante, di risollevarsi adottando misure stringenti come quelle imposte dalle istituzioni europee che certo non sembrano in grado di favorire e ridare slancio all'economia. Tra le iniziative positive, riscontrabili all'interno del pacchetto di misure imposte alla Grecia, c'è sicuramente il prestito di 32 miliardi di euro per nuovi investimenti. Discutibile è invece, io credo, la misura imposta di aumentare l'Iva cosa che io ritengo possa colpire direttamente chi ha meno. In un articolo di Angelo Baglioni apparso su "lavoce.info", dal titolo "Dove andrà il denaro del bailout di Atene?", si legge che *"Per ottenere il programma di assistenza, il governo greco si deve impegnare a collocare in un fondo apposito attività dello Stato greco per 50 miliardi. Queste attività verranno privatizzate e il ricavato andrà usato nel seguente modo: (i) i primi 25 miliardi, rivenienti dalla vendita delle attività, sarà usato per rimborsare al fondo europeo Esm l'esborso da questo sopportato per ricapitalizzare le banche greche; (ii) ulteriori introiti per 12,5 miliardi saranno usati per ridurre il debito greco; (iii) eventuali ulteriori introiti per 12,5 miliardi saranno usati per investimenti. Si noti l'ordine di precedenza, che viene esplicitamente indicato nel comunicato dell'Eurosummit (pagina 4)."* In un articolo apparso sempre su "lavoce.info", di Luigi Zingales, viene fatta un'analisi di dove sono finiti i soldi che la Grecia ha avuto come prestito dalle istituzioni europei nel 2010 e nel 2012. Richiamando un altro articolo di Nicola Borri e Pietro Reichlin, Zingales fa presente che, del prestito ricevuto dalla Grecia negli anni passati, *"[...]l'89 per cento dei fondi sborsati nei due bail-out è stato utilizzato per ripagare o aiutare le banche e l'11 per cento è andato al governo greco."* In un altro articolo del 16 luglio 2015, apparso su IlSole24Ore.it, Guido Tabellini mette in risalto le ragioni per le quali i diversi aiuti concessi alla Grecia in questi anni non hanno avuto particolare efficacia. L'autore pone tra le cause l'austerità fiscale che ha contribuito ad affossare l'economia, il fatto che a fronte del crollo della domanda interna non vi è mai stata una ripresa delle esportazioni a causa della particolare struttura produttiva dell'economia greca ed infine il rischio di uscita dall'euro e l'incombenza di un debito insostenibile che hanno mantenuto un clima di incertezza, aggravato la stretta creditizia, e scoraggiato ogni investimento. L'autore continua nel suo articolo affermando che *"Quasi tutti questi problemi rimangono invariati, anzi la situazione economica è peggiorata, e il nuovo programma di aiuti fa ben poco per risolverli."* Da ultimo, vale sicuramente segnalare l'intervento del Fondo Monetario Internazionale che non si può certo definire un'istituzione di matrice socialista in campo economico.

L'Istituzione con sede a Washington ritiene, secondo quanto riportato da Alessandro Merli, *"che la combinazione dell'austerità concordata nel fine settimana a Bruxelles (seppure attenuata rispetto al programma precedente) e del pesantissimo impatto della chiusura delle banche e dei controlli sui capitali, un'economia greca impossibilitata a crescere sarà impossibilitata anche a ripagare i propri debiti, che balzeranno al 200% del prodotto interno lordo nel giro di due anni."*[42] Il FMI suggerisce quindi un allegerimento del debito greco.

    Da quanto precede, non riesco a capire come questi prestiti (che prendono il nome più popolare di aiuti), compresi quelli che verranno erogati alla Grecia in base all'ultimo accordo, possano portare la Grecia fuori dalla crisi, sebbene sia comprensibile che il pericolo di

---

[42] IlSole24Ore.it 16 luglio 2015

banche in difficoltà possa minare la stabilità economico-finanziaria del Paese ellenico. L'assurdo dell'attuale sistema monetario europeo consiste nel fatto di aiutare un Paese per non farlo uscire dall'euro attraverso l'utilizzo di strumenti che lo costringono ad indebitarsi ulteriormente, trasferendo il costo di tale indebitamento sulla collettività. Come ci ricorda molto bene Gabriele Sonnino[43], queste forme di intervento dirette a salvare, a detta della famigerata Troika, un determinato Paese in crisi non fanno altro che aumentare la dipendenza dello stesso dalle Istituzioni finanziarie sovranazionali che prestano denaro. È chiaro che per garantirsi dall'insolvenza del debitore, le politiche richieste dal soggetto creditore, la Troika in questo caso, non possono che essere politiche dirette a ridurre la spesa pubblica,

---

[43] G. Sonnino, Op. cit., pag. 38

dovendo quest'ultima garantire unicamente il pagamento degli interessi sul debito ed il rientro dello stesso.

L'accordo raggiunto dalle istituzioni europee con la Grecia, come tutte le cose, ha sicuramente un costo che verrà pagato, io credo, sia da chi presta denaro sia, soprattutto, da chi questo denaro lo riceve. Sicuramente anche l'uscita della Grecia dall'euro avrebbe avuto un costo ma bisognerebbe capire, a questo punto, di che entità quest'ultimo sarebbe stato soprattutto in rapporto al costo che invece oggi sia i Greci che gli altri cittadini europei sono tenuti a sopportare per onorare l'accordo raggiunto. Ciò che è accaduto sia nel 2010, sia nel 2012, sia infine in questi giorni con i prestiti erogati alla Grecia non è altro che una socializzazione forzata dei debiti privati ovvero, in altre parole, una trasformazione di tali debiti in debiti pubblici. Lo Stato, in questo caso gli Stati europei, non hanno fatto altro che accollarsi i debiti privati dei Greci intervenendo in aiuto delle banche in crisi. Ora, se è vero quanto sostengono i fautori del libero mercato tra i quali molti, io credo, siedono a Bruxelles, non si sarebbe dovuto in nessun caso intervenire ma avremmo dovuto far fallire le banche lasciando il mercato libero di operare secondo le sue proprie leggi. Il controsenso delle istituzioni europee e di chi le governa sta nel fatto che mentre da un lato viene imposto agli Stati l'obbligo di ridurre le proprie spese pubbliche con ripercussioni dirette nei servizi pubblici e nello stato sociale, dall'altro si chiede agli Stati aderenti di contribuire per salvare le banche greche dal fallimento ed evitare l'uscita del Paese dall'euro sostenendo magari che tutto ciò viene fatto anche per gli interessi del popolo greco che, fuori dall'euro, avrebbe più svantaggi che vantaggi.

Quindi, in parole povere, non si vuol sentir parlare di spesa pubblica, di debiti elevati, di bilanci in disavanzo, ma appena qualche Paese minaccia lo status quo dell'euro, allora si interviene facendo contribuire gli Stati con i propri bilanci. In pratica, il bilancio italiano ad esempio dovrà tener conto oltre che della spesa per interessi sul debito attuale, anche delle conseguenze in prospettiva della norma dell'art. 4 del Trattato sul fiscal compact, nonché della spesa sostenuta in questi anni per contribuire al fondo salva stati. Si tratta in sostanza di un bilancio ingessato che certo non consente una grossa manovrabilità in termini di spesa. È un pochino come avviene nel caso di una famiglia indebitata, con un reddito variabile che però si mantiene basso. Ipotizziamo di intervenire in favore di questa famiglia prestandogli altri soldi che dovranno essere restituiti entro termini prestabiliti. Se il reddito che la famiglia percepisce (il

Pil nel caso della Grecia) non cresce nel tempo credo, sinceramente, che sarà difficile per la famiglia che ha ricevuto il denaro in prestito onorare il proprio debito; inoltre, dovrà rinunciare a sostenere spese in ambiti più utili ed essenziali per la vita della stessa famiglia, come la scuola, la salute ecc., (riduzione della spesa pubblica nel caso della Grecia) per poter pensare di restituire il prestito contratto.

Oggi assistiamo, forse con un po' di ritardo secondo me, a prese di posizione anche forti contro le politiche di austerity imposte dalle istituzioni europee. Sempre più persone richiedono che si ripensi alla *governance* dell'Area euro e sempre più persone sembrano convinte della necessità di dotare l'Area di una vera e propria *governance* politica. Credo che oggi sia impensabile un'Area euro come quella attuale. Da più parti si è ormai convinti che l'idea che l'unione monetaria avrebbe portato, come passo successivo, verso l'integrazione politica ha fallito. Personalmente, non sono particolarmente fiducioso che si arriverà mai ad una unione politica tra i Paesi europei che, in questi anni, hanno più volte dimostrato le loro reciproche divergenze anche su temi molto importanti e strategici. Queste divergenze sono ancora più evidenti in questi ultimi giorni quando è necessario prendere una decisione univoca nei confronti della Grecia e dei suoi destini dentro o fuori l'euro, decisione che non è solo economica ma anche e soprattutto politica. Emblematico è ciò che sta accadendo in questi giorni in merito alla crisi dell'immigrazione che sta interessando direttamente le nostre coste. L'intervento delle Istituzioni europee, al riguardo, mostra tutti i propri limiti e le Istituzioni europee la propria debolezza rispetto alle esigenze dei singoli Paesi europei molto diverse tra di loro. Abbiamo assistito ad esempio alla reazione della Francia, alla presa di posizione dei Paesi dell'est Europa, ecc. A questi problemi, più recenti, non dobbiamo poi dimenticare altri insuccessi come quello ricordato da Tommaso Padoa Schioppa, in merito all'intervento in Iraq[44].

Rimanendo su un piano strettamente economico, sono personalmente dell'idea che le politiche di austerity adottate in una fase di crisi economica, come quella che ha colpito i Paesi europei, non siano state le più idonee a risolvere questa crisi. Piuttosto che ridurre la spesa pubblica, imporre il pareggio di bilancio, contenere la spesa per investimenti ecc., bisognerebbe adottare e finanziarie progetti di investimenti pubblici di rilievo, soprattutto con particolare riguardo alle nuove tecnologie e all'informatizzazione ma ciò non

---

[44] T. Padoa Schioppa, *Europa una pazienza attiva*, Ed. Rizzoli, 2006 Milano

sarebbe possibile se non si presta particolare attenzione ad esempio al settore della ricerca e dello sviluppo favorendo iniziative del settore pubblico da accostare ed affiancare a quelle adottate nel privato.

Nel nostro Paese, ad esempio, le principali iniziative nel campo della ricerca e dello sviluppo sono promosse e finanziate dal settore privato ovvero dalle imprese e dalle università mentre è di gran lunga minore il contributo che viene fornito dalle istituzioni pubbliche. I Paesi europei hanno concordato, nell'ambito della strategia Europa 2020, di aumentare gli investimenti in ricerca e sviluppo fino al 3% del Pil. Mi chiedo se questo sarà sufficiente.

Un altro cambiamento importante nel pensiero economico che è in voga tra le istituzioni europee riguarda l'inflazione e la preoccupazione che viene riposta nei suoi confronti e che ha portato alla creazione dell'Unione Economica e

Monetaria e che non consente oggi di adottare politiche diverse da quelle incentrate sull'austerity, imposte dalle istituzioni europee.

Vorrei chiudere questo capitolo riportando la mia personale esperienza, di chi ha vissuto la maggiore età proprio nel periodo in cui l'Italia decideva di aderire all'euro. Come cittadino ricordo, in effetti, come conseguenza diretta e pratica di tale decisione, un aumento dei prezzi dovuto alla conversione della lira in euro che, per chi possiede un reddito fisso come me, ha comportato sicuramente un danno peraltro ammortizzabile in parecchi anni della propria esistenza. Un esempio tipico è quello della casa. Un appartamento che prima dell'ingresso nell'euro costava 5 milioni di lire al metro quadro dopo l'ingresso dell'euro costava 5.000 euro al metro quadro raddoppiando il proprio valore. Non credo di sbagliare se dico che negli anni successivi all'adozione dell'euro c'è stata un'impennata nell'edificazione di nuove case. Qualcuno, a questo punto, potrebbe affermare che non c'è stato alcun danno visto che, a fronte di un aumento dell'offerta, corrisponde un aumento della domanda.

In realtà, come successo in America, la domanda di nuovi immobili è stata drogata dall'aumento dei debiti privati che hanno finanziato l'acquisto di nuove case, favorendo la crescita della bolla immobiliare con tutte le conseguenze del caso.

Tutto ciò, già all'epoca, provocò un acceso dibattito, ancora lo ricordo, tra chi sosteneva le ragioni dell'adesione e chi invece le criticava. I primi sostenevano, e sostengono ancora oggi, che i vantaggi derivanti dall'adesione all'Euro sarebbero stati maggiori dei costi sostenuti per l'ingresso, come appunto l'aumento dei prezzi o meglio la riduzione del potere di acquisto.

Dai dati che precedono, io credo che questi vantaggi, dopo tutto, non siano stati poi eccessivamente positivi e, soprattutto, evidenti.

In conclusione, credo che sia illusorio pensare ancora oggi che l'unione monetaria possa esplicare i propri vantaggi senza un'effettiva unione fiscale, bancaria e soprattutto politica. Al riguardo, sono pienamente d'accordo con Gabriele Sannino quando sostiene che "*...non si costruisce un'unione politica partendo da una parziale unione monetaria. Senza un'unione fiscale e la messa in comune dei debiti tramite gli Eurobond, per esempio, parlare di "unione monetaria" non ha veramente senso. Trattasi solo di singoli Paesi molto diversi tra loro che commerciano con la stessa moneta.*"[45]

Un'altra importante questione, ritenuta condizione indispensabile per il successo della moneta unica, è

---

[45] G. Sannino, *Op. cit.*, Ed. Fuoco

la questione politica che rappresenta da sempre una questione annosa che tutti oggi molti riconoscono fondamentale ai fini del successo stesso dell'euro e non viceversa, come è ritenuto dai padri fondatori della moneta unica.

La discussione sull'argomento si concentra sostanzialmente sulla forma istituzionale da dare all'unione europea ovvero sulla contrapposizione tra i sostenitori della forma federalista e quelli promotori della forma confederale. L'economista italiano, Tommaso Padoa Schioppa[46], interviene al riguardo criticando l'attuale struttura confederale dell'Unione europea, rilevando i punti critici di una siffatta forma istituzionale nella capacità di decidere limitata, secondo l'autore, dal potere di veto che deriva dal fatto che le decisioni sono adottate all'unanimità. L'autore sostiene che vi

---

[46] T. Padoa Schioppa, *Op. cit.*, pag. 152

è unione – con riferimento a quella europea – solo se sono riuniti insieme i tre elementi costitutivi di una qualsiasi unione: cosa comune, capacità di decidere e mezzi per agire. D'accordo con lo stesso autore, non ritengo che l'Unione europea abbia questi tre elementi costitutivi.

In queste particolari condizioni, appare utile per il nostro Paese uscire al più presto dall'euro prima che la stessa architettura istituzionale del sistema euro imploda su stessa, come prospettato da molti opinionisti e tecnici del settore.

Bibliografia

IlSole24Ore.it

A. Friedman, *Ammazziamo il gattopardo, la storia continua*. Ed. Rizzoli,2014, Milano

Cozzi T., Zamagni S., *Economia Politica*, Ed. Il Mulino, Bologna, 1989.

J. E. Stiglitz, *La globalizzazione e I suoi oppositori*, Ed. Giulio Einaudi s.p.a., 2002 Torino

J. E. Stiglitz, *I ruggenti anni Novanta*, Ed. Giulio Einaudi s.p.a., 2004 Torino

G. Sonnino, *Fuga dall'euro, come emanciparci dalla morsa della BCE*, Ed. Fuoco.

Annuario Statistico Italiano 2014, Istat
Istat, statistiche flash

Zingales L., *Europa o no,* Ed. Saggi Ruzzoli, 2014
Caritas, Terzo rapporto sull'impatto della crisi economica in Europa

Banca d'Italia, Supplemento al Bollettino Statistico, Indicatori monetari e finanziari.

J.S. Mill, Saggio sulla libertà, pag. 106 e ss. Ed. Net, Milano 2009

T. Padoa Schioppa, *Europa una pazienza attiva*, Ed. Rizzoli, 2006 Milano

www.ingramcontent.com/pod-product-compliance
Lightning Source LLC
Chambersburg PA
CBHW060851170526
45158CB00001B/316